定期テスト **ズバリよくでる** 英語 2年 教育出版版 中学英語2

もくじ

取り外してお使いください 赤シート+直前チェックBOOK,別冊解答

※全国の定期テストの標準的な出題範囲を示しています。学校の学習進度とあわない場合は,「あなたの学校の出題範囲」欄に出題範囲を書きこんでお使いください。

教科書 pp.4-8

Step 1 基本チェック Review Lesson Ms. King's Trip with Her Friend

5分

赤シートを使って答えよう！

❶ [have to ～の文／助動詞must]

解答欄

□ ❶ 私は今日，宿題をしなければなりません。
I [have] [to] do my homework today.

□ ❷ 私たちは音楽室を掃除しなければなりません。
We [must] clean the music room.

❷ [未来を表す表現]

□ ❶ 私は今度の週末に祖父を訪ねる予定です。
I am [going] [to] visit my grandfather this weekend.

□ ❷ 明日は雨が降るでしょう。 It [will] be rainy tomorrow.

❸ [There is[are] ～.の文]

□ ❶ 公園にネコがいます。 [There] [is] a cat in the park.

POINT

❶ [have to ～の文／助動詞must]

have to ～は「～しなければならない」，否定形のdon't have to ～は「～する必要はない」という意味を表す。一方，mustは「強制・義務を伴う必要」を表し「(どうしても)～しなければならない」，その否定形のmust not[mustn't]は「～してはいけない」《禁止》を表す。

・We have to study for the test. [私たちはテストの勉強をしなければなりません。]
・I don't have to wash the dishes tonight. [私は今夜，皿を洗う必要はありません。]
・We must help each other. [私たちは互いに助け合わなければなりません。]
・We mustn't give up. [私たちはあきらめてはいけません。]

❷ [未来を表す表現]

「～する予定です，～するつもりです」と，予定や近い未来を表すときは〈be動詞＋going to＋動詞の原形〉で表す。また，「～するでしょう，～するつもりです」と未来の予測や意志を表すときは〈will＋動詞の原形〉で表す。否定形will notの短縮形はwon'tとなる。

・My brother is going to be seventeen soon. [私の兄はもうすぐ17歳になります。]
・It won't be snowy in Sapporo tomorrow. [明日，札幌で雪は降らないでしょう。]

❸ [There is[are] ～.の文]

「～がある[いる]」はThere is[are] ～.で表す。be動詞のあとの主語が単数ならis，複数ならareになる。

・There is a book on the desk. [机の上に本が１冊あります。]
・There are five people in my family. [私は５人家族です(私の家族には５人の人がいます)。]
・Are there any famous singers from this town? ―― Yes, there are. / No, there aren't.
[この町出身の有名な歌手はいますか。――はい，います。／いいえ，いません。]

Step 3 予想テスト Review Lesson Ms. King's Trip with Her Friend

15分　/100点　目標 80点

❶ 日本語に合う英文になるように，____に適切な語を書きなさい。 知　30点（各完答10点）

❶ 私たちのガイドはホテルに行く途中で，私たちに美しい公園を見せてくれました。
Our ____ showed us a beautiful park ____ ____ ____ to the hotel.

❷ 城からの景色はみごとでした。 The ____ from the castle was ____.

❸ この日本庭園はその石庭で有名です。
This Japanese garden is ____ ____ its ____ garden.

❷ 日本語に合う英文になるように，(　)内の語句を並べかえなさい。 知　20点（各5点×4）

❶ 明日，お誕生日パーティーがあります。だから私はケーキを作らなければなりません。
(is / birthday / there / party / a) tomorrow. So (a cake / to / have / make / I).

❷ 今日の午後には雨が降るでしょう。傘を持って行かないといけませんよ。
(will / this / rainy / it / afternoon / be). You (umbrella / must / an / take) with you.

❸ 次の文を読んで，あとの問いに答えなさい。 知 表　50点

Ms. King: We ①are (　　) to ride down the Shimanami Kaido by bicycle. We ②(　　) enjoy a fantastic view of the beautiful sea!
Sally: ③(are / the sea / islands / there / in / so many).
Ms. King: We ④(　　) ride ⑤(　　) six islands. On the ⑥(　　) island, there ⑦(　　) a castle and museum.

❶ 下線部①が「～する予定です」の意味になるように，(　)に入る適切な語を書きなさい。（8点）
❷ 下線部②④に「～するでしょう，～するつもりです」の意味の同じ助動詞を入れなさい。（8点）
❸ 下線部③の(　)内の語句を並べかえて，「～があります」の意味の英文にしなさい。（10点）
❹ 下線部⑤には「～を通り抜けて」，⑥には「２番目の」という意味の語を入れなさい。（各8点）
❺ 下線部⑦の(　)に入る適切な動詞を書きなさい。（8点）

❶	❶		
	❷	❸	
❷	❶		
	❷		
❸	❶	❷	
	❸		
	❹ ⑤	⑥	❺

教科書 pp.9-18

Step 1 基本チェック Lesson 1 Service Dogs ~ Tips ① for Listening

5分

赤シートを使って答えよう！

解答欄

❶ [SVOO(目的語を2つとる動詞)]

□ ① 私は彼女にCDをあげました。 I [gave] [her] a CD.

□ ② 彼は私に手紙を送ってくれました。 He [sent] [me] a letter.

❷ [that節(自分の意見や知っていることなどを伝える)]

□ ① 私はこの花は美しいと思います。
I [think] [that] this flower is beautiful.

□ ② 彼女はメグが来ることを望んでいます。
She [hopes] Meg will come.

❸ [that節(自分の気持ちとその理由を伝える)]

□ ① 昨日の夜，あなたに電話をしなくてすみません。
I'm [sorry] [that] I didn't call you last night.

□ ② 彼女はトムから手紙を送ってもらってうれしかったです。
She was [happy] Tom sent her a letter.

POINT

❶ [SVOO(目的語を2つとる動詞)]

〈主語＋動詞＋人＋もの〉の語順で「人にものをあげる」などを表現する。動作の対象となる人，もので「～に，～を」の意味を表す語を「目的語」と言う。

・My father gave me this book. [父は私にこの本をくれました。]
（gave：動詞　me：人　this book：もの）

❷ [that節(自分の意見や知っていることなどを伝える)]

〈that＋主語＋動詞〉が「～ということ」のような意味のまとまりを作り，〈think[hope, knowなど]＋that ～〉の形で，「～と思う[～ということを望む，～ということを知っている]」という意味を表す。このthatは，よく省略される。

・I think (that) many blind people need guide dogs. [私は多くの目の不自由な人々が盲導犬を必要としていると思います。]
（that以下が，「～ということ」の意味のまとまりを表し，思う[思っている]内容を表す。）

・I hope (that) it will be sunny tomorrow. [私は明日晴れることを望みます。]

❸ [that節(自分の気持ちとその理由を伝える)]

〈I'm happy[glad, sorryなど]＋that ～〉の形で，「～してうれしいです[～してうれしく思います，～してすみません[残念です]]」という意味を表す。このthatは，よく省略される。

・I'm sorry (that) I didn't write for some time. [しばらく手紙を書かなくてすみません。]
（sorry：自分の気持ち　that以下が，理由）

・I'm happy (that) you sent me a letter. [あなたが私に手紙を送ってくれてうれしいです。]

Step 2 予想問題 Lesson 1 Service Dogs ~ Tips ① for Listening

20分 (1ページ10分)

❶ ①～⑥は単語の意味を書き，⑦～⑯は日本語を英語になおしなさい。

□ ① service dog (　　　　)　□ ② blind (　　　　)
□ ③ obstacle (　　　　)　□ ④ thousand (　　　　)
□ ⑤ deaf (　　　　)　□ ⑥ lead (　　　　)
□ ⑦ ～を着る ______　□ ⑧ ～を送る ______
□ ⑨ メッセージ ______　□ ⑩ 所有者 ______
□ ⑪ しかし(ながら) ______　□ ⑫ ～を必要とする ______
□ ⑬ 訓練 ______　□ ⑭ 努力 ______
□ ⑮ 男の人 ______　□ ⑯ ～に気づく ______

ヒント
❶
②形容詞。
④数字を前に置いて使う。
⑥動詞。
⑩⑬カタカナ語にもなっている。
⑪接続詞butと似た意味で使われる。

❷ 下線部の発音が同じなら○を，異なるなら×を書きなさい。

□ ① thr<u>ou</u>gh — f<u>oo</u>d (　　)　□ ② l<u>ea</u>d — h<u>ea</u>d (　　)

❷ ミスに注意
②つづりと発音の違いに注意。

❸ (　)内に入れるのに最も適切な語を選び，記号で答えなさい。

□ ① Turn left at the second (　　).
㋐ corner　㋑ times　㋒ year　㋓ map

□ ② There are (　　) thirty people in my class.
㋐ at　㋑ on　㋒ over　㋓ with

❸
①道案内でよく使われるフレーズ。turnは「曲がる」の意味。

❹ 日本語に合う英文になるように，____に適切な語を書きなさい。

□ ① この箱は何のためのものですか。
______ ______ this box ______?

□ ② それは時間と努力を要します。
It ______ ______ and ______.

□ ③ 彼女はしばらくの間，彼に会わなかった。
She didn't see him ______ ______
______.

□ ④ 私の父は今，働いている。
My father is ______ ______ now.

❹
①「～のために[の]」という意味の前置詞は文末にくる。
③「～の間」は期間を表す前置詞を使う。
④「働いている」は「仕事」という語を使った2語の熟語で表す。

[解答▶p.1]

❺ 次の____に適切な語を下から選んで書きなさい。ただし，同じ語を２度使うことはできません。

□ ❶ Do you know ____________ puppy walker?

点UP □ ❷ The guide dog leads him ____________ the station.

□ ❸ What kind ____________ flower is this?

about	of	to

❻ 次の文を(　)内の指示にしたがって書きかえなさい。

□ ❶ My mother bought new shoes.（6語で「私に買ってくれた」という文に）

____

□ ❷ I can speak English well.
（thatを使って8語で「私は～と望む」という文に）

____

□ ❸ Sally likes math.（6語で「私は～と思わない」という文に）

____

❼ 次の英文を日本語にしなさい。

□ ❶ I'm glad that I can tell you good news.
(　　　　　　　　　　　　　　　　)

点UP □ ❷ I'm sorry that you didn't come to our party.
(　　　　　　　　　　　　　　　　)

❽ 日本語に合う英文になるように，(　)内の語句を並べかえなさい。

□ ❶ リサは彼女の妹にギターをあげました。
Lisa (her sister / a / gave / guitar).
Lisa ______________________________.

□ ❷ 私は来年の夏，フランスに行くことができると確信しています。
I'm (can / I / sure / to / France / go) next summer.
I'm ______________________________ next summer.

❾ 次の日本語を(　)内の指示にしたがって英語になおしなさい。

□ ❶ 私は，彼は私の弟を知っていると思います。（6語で）

____

□ ❷ 私に手紙を送ってください。（pleaseを使って5語で）

____

ヒント

❺
❶「～について知っている」
❷「～へ導く」。leadとセットで覚えたい前置詞。
❸「どんな種類の～？」

❻
❷❸「私は～と望む[思わない]」は，自分の意見や知っていることなどを伝える表現。that節を使って表すよ。

❼
❶自分の気持ちを伝える表現に，〈主語＋動詞＋人＋もの〉の表現が合わさった文。
❷このsorryは，「ごめんなさい」の意味ではない。

❽
❶「～に…を」の語順に注意。
❷thatが省略された形。

❾
❶語数からthatを入れるか入れないかを判断する。
❷命令文。〈動詞＋人＋もの〉の語順になる。

Step 3 予想テスト Lesson 1 Service Dogs ~ Tips ① for Listening

30分 /100点 目標 80点

❶ 日本語に合う英文になるように，____に適切な語を書きなさい。 知 18点（各完答6点）

❶ 私は祖母の誕生日に彼女にメッセージを送りました。
I ______ my grandmother a ______ on her birthday.

❷ 私の母は時間をかけて，おいしいスープを作りました。
My mother ______ ______ and cooked delicious soup.

❸ 生徒は教室でしばらくの間，待っていました。
The students waited in the classroom ______ ______ ______.

❷ 日本語に合う英文になるように，（　）内の語句を並べかえなさい。 知 18点（各6点）

❶ あなたの先生はあなたに宿題を出しましたか。
Did (you / your teacher / homework / give)?

❷ 私はスミス先生が仕事中であることを知っています。
I (is / that / work / know / at / Mr. Simth).

❸ カナは合唱コンクールに入賞できてうれしかったです。
Kana was (that / win / was / she / able / happy / to) the chorus contest.

❸ 次の対話文について，（　）に入れるのに最も適切なものの記号を書きなさい。 知 12点（各6点）

❶ *Boy:* (　　) it take to make this cake?
Girl: It takes about fifty minutes.
㋐ Where did　㋑ What time does　㋒ When does　㋓ How long does

❷ *Girl:* The restaurant was (　　).
Boy: I'm glad you like it.
㋐ closed　㋑ delicious　㋒ really nice　㋓ very far

❹ 次の文を読んで，あとの問いに答えなさい。 知 表 36点

Bob: There aren't enough guide dogs.
Aya: Why not?
Bob: Because it ①(　　) time and effort. These dogs live with puppy walkers for about a year. Then, they need training for ②(other, another, some) year.
Aya: I see. I ③(　　)(　　) many blind people will be able to have ④(　　)(　　).
Bob: I hope so, too. But ⑤I (people / many / know / think / don't) about this problem.

教科書 pp.9-18

❶ 下線部①の(　)に入る適切な語を書きなさい。 (6点)

❷ 下線部②の(　)内から適切な語を選びなさい。 (6点)

❸ 下線部③が「～ということを望みます」の意味になるように，(　)に入る適切な語を書きなさい。 (完答8点)

❹ 下線部④の(　)にあてはまる本文中の２語を書きなさい。 (完答8点)

❺ 下線部⑤が「私は，多くの人がこの問題について知っているとは思いません。」の意味になるように，(　)内の語句を並べかえなさい。 (8点)

❺ 次の日本語を(　)内の語数で英語になおしなさい。表 16点(各8点)

❶ 私は新しいノートが１冊必要だと思います。(７語)

❷ あなたといっしょにバスケットボールができなくてすみません。(８語)

❶	❶			
	❷			
	❸			
❷	❶			
	❷			
	❸			
❸	❶	❷		
❹	❶	❷	❸	
	❹			
	❺			
❺	❶			
	❷			

 [解答▶p.2]

教科書 pp.19-29

Step 1 基本チェック　Lesson 2　Our Energy Sources ~ Useful Expressions ①

5分

赤シートを使って答えよう！

❶ [過去進行形]

□ ① トムは放課後，公園で走っていました。
Tom [was] [running] in the park after school.

□ ② あなたはそのとき，何をしていましたか。
What [were] you [doing] at that time?

❷ [接続詞when「～する[した]とき」]

□ ① 私がジョンを訪ねたとき，彼は勉強をしていました。
[When] I visited John, he was studying.

❸ 接続詞[if「もし～ならば」(条件)，接続詞because「～なので」(理由)]

□ ① もしほしければ，あなたにこのCDをあげましょう。
I will give you this CD [if] you want.

□ ② 楽しいので，私はテニスが好きです。
I like tennis [because] it is fun.

解答欄
❶
①
②
❷
①
❸
①
②

POINT

❶ [過去進行形]

〈was[were]＋動詞の -ing形〉で「(あのとき)～していた」の意味を表し，過去のある時点でしていたことを伝える。

・We were making a cherry pie. [私たちはサクランボパイを作っていました。]

❷ [接続詞when「～する[した]とき」]

〈when＋主語＋動詞〉で「～する[した]とき」の意味を表し，どんなときのことなのかを伝える。

・My father was watching TV when I came home. [私が家に帰ったとき，父はテレビを見ていました。]
＝When I came home, my father was watching TV.　＊when ～が文の前半にくることもある
└when ～を文の初めに使うときは，カンマが必要。

❸ [接続詞if「もし～ならば」(条件)，接続詞because「～なので」(理由)]

〈if＋主語＋動詞〉で「もし～ならば(条件)」，〈because＋主語＋動詞〉で「～なので(理由)」の意味を表す。

・I will play soccer if it is sunny next Sunday. [もし今度の日曜日晴れたら，私はサッカーをします。]
＝If it is sunny next Sunday, I will play soccer.　＊if ～やbecause ～が文の前半にくることもある
└「If ～」の部分が条件を表す場合，未来のことでも現在形になる

・I like soccer because it is very exciting. [サッカーはとてもわくわくするので，私はそれが好きです。]

Step 2 予想問題 Lesson 2 Our Energy Sources ~ Useful Expressions ①

20分 (1ページ10分)

❶ ①～⑧は単語の意味を書き，⑨～㉒は日本語を英語になおしなさい。

□① scared	( )	□② electricity	( )
□③ exactly	( )	□④ fossil fuel	( )
□⑤ pollute	( )	□⑥ air	( )
□⑦ forever	( )	□⑧ wind	( )
□⑨ 台所	______	□⑩ ～を修理する	______
□⑪ 時間，1時間	______	□⑫ 照明	______
□⑬ 事故	______	□⑭ 毎日の	______
□⑮ 大部分	______	□⑯ (ある期間)もつ，続く	______
□⑰ 汚染(おせん)	______	□⑱ 高価な	______
□⑲ 天気，天候	______	□⑳ 意見	______
□㉑ もっと	______	□㉒ より少なく	______

❷ 最も強く発音する位置が他と異なるものの記号を○で囲みなさい。

□① ㋐ def-i-nite-ly ㋑ de-pend-a-ble ㋒ re-new-a-ble

❸ ( )内に入れるのに最も適切な語を選び，記号で答えなさい。

□① What ( ) the accident?
㋐ talked ㋑ came ㋒ caused ㋓ played

□② Sunlight is a clean energy ( ).
㋐ source ㋑ drink ㋒ place ㋓ sport

□③ ( ) energy is clean.
㋐ Strong ㋑ Renewable ㋒ Enough ㋓ Bitter

❹ 日本語に合う英文になるように，____に適切な語を書きなさい。

点UP □① 彼は全然疲(つか)れていません。
He is not tired ______ ______.

□② 私は確実にその店でカオリを見かけました。
I saw Kaori at the shop ______ ______.

□③ 私の考えでは，私たちはクリーンエネルギーを使うべきです。
______ ______ ______, we should use clean energy.

ヒント

❶
①-edで終わる形容詞。
⑪発音しない文字を含む語。
⑯動詞。形容詞で「最後の」という意味もある。

❷ ミスに注意
㋒-a・bleにはアクセントがこない。

❸
②「太陽光」とは何か？
③クリーンなエネルギーとはどんなエネルギーかを考える。

❹
③「考え」は「意見」という意味の英語を使う。

 [解答▶p.3]

ヒント

5 次の____に共通して入る語を選びなさい。
ただし，同じ語を2度使うことはできません。

□ ❶ We ran ____________ the house.

□ ❷ I go to school ____________ eight.

□ ❸ The piano was ____________ expensive.

around	into	too

6 次の文を(　)内の指示にしたがって書きかえなさい。

□ ❶ She was dancing then.　(下線部をたずねる文に)

____

□ ❷ I am sleepy.　I went to bed late last night.
(becauseを使って1つの文に)

____

7 日本語に合う英文になるように，____に適切な語を書きなさい。

□ ❶ もし今度の日曜日，晴れたら魚釣りに行きましょう。
Let's go fishing ____________ it ____________ sunny next Sunday.

□ ❷ 私が部屋へ入ったとき，サリーは本を読んでいました。
Sally ____________ ____________ a book ____________ I went into the room.

8 日本語に合う英文になるように，(　)内の語句を並べかえなさい。

□ ❶ 停電が起きたとき，父はコンピューターを使っていました。
My father (happened / a computer / when / was / a power outage / using).
My father ______________________________.

□ ❷ もし彼女が来たら，いっしょに昼食を作りましょう。
Let's (she / if / make / together / lunch / comes).
Let's ______________________________.

9 次の日本語を(　)内の指示にしたがって英語になおしなさい。

□ ❶ 私は朝の7時に朝食を食べていました。(9語で)

____

□ ❷ 彼女の父は中国出身なので，彼女は中国語を話せます。
(Sheで始めて10語で)

____

5
❶「家の中へ」
❷「8時ごろ」
❸「あまりに～」

6
❶疑問詞と過去進行形を用いた疑問文。
❷「～なので」と理由を表す文を作る。

7
❶「もし晴れたら」と条件を表す文は未来のことでも現在形を使うことに注意！ willを使うと「晴れるだろうなら」となって，条件にはならないよ！

❷「～するとき」と，過去進行形「～していた」が合わさった表現。

8
❷Let'sのすぐあとは動詞の原形がくる。

9
❶過去進行形を用いる。「～時に」は，at ～で表す。
❷「～なので」と理由を表す表現を使う。

Step 3 予想テスト Lesson 2 Our Energy Sources ~ Useful Expressions ①

30分 /100点 目標 80点

❶ 日本語に合う英文になるように，＿＿に適切な語を書きなさい。 知 30点（各完答6点）

❶ 私が家に帰ったとき，姉は英語を勉強していました。
＿＿ I came home, my sister ＿＿ ＿＿ English.

❷ 新しいのは高価すぎるので，私は自分の古いコンピューターを修理するつもりです。
I will ＿＿ my old computer ＿＿ the new one is ＿＿ ＿＿.

❸ もし彼がより少なく食べることができれば，彼の健康にとってはよいでしょう。
＿＿ he can eat ＿＿, it will be good ＿＿ his health.

❹ 生徒たちは昨日，サッカーや野球，テニスのようなスポーツをしていました。
Students ＿＿ ＿＿ sports ＿＿ ＿＿ soccer, baseball, and tennis yesterday.

❺ 停電が起きたとき，彼女はこわがっているように見えました。
She ＿＿ scared ＿＿ a power outage happened.

❷ 日本語に合う英文になるように，(　)内の語句を並べかえなさい。 知 10点（各5点）

❶ もしほしいなら，あなたにこの本をあげましょう。
(this book / want / if / give / I'll / you / you).

❷ 具合が悪かったので，私は家で過ごしました。
I (at / sick / because / home / stayed / was / I).

❸ 次の対話文について，(　)に入れるのに最も適切なものの記号を書きなさい。 知 12点（各6点）

❶ *Boy:* How was Mr. Brown's class?
Girl: (　　) students say it's interesting, but (　　) say it's a little difficult.
㋐ No, another　㋑ Less, much　㋒ Big, small　㋓ Some, others

❷ *Boy:* Were you reading at home yesterday?
Girl: (　　)
㋐ No, I don't.　㋑ Yes, I am.　㋒ No, I didn't.　㋓ Yes, I was.

❹ 次の文を読んで，あとの問いに答えなさい。 知 表 32点

Bob: There was a power outage in our area yesterday.
Aya: Yes. ①(it / when / happened / doing / was / I / ,) math homework in my room. ②What (are) you (do) then?
Bob: I ③(help) my mom in the kitchen. By the way, what caused the power outage?

Aya: I don't know ④(　　)(　　), but the newspaper says an accident happened at the power plant.

❶ 下線部①の(　)内の語句や符号を正しく並べかえなさい。 (8点)

❷ 下線部②③の(　)内の語を会話がなりたつように，それぞれ正しい形になおしなさい。また②の英文を日本語になおしなさい。 (完答16点)

❸ 下線部④が「確実に」の意味になるように，(　)に入る適切な語を書きなさい。 (8点)

❺ 次の日本語を(　)内の指示にしたがって英語になおしなさい。表 16点(各8点)

❶ 弟が寝ていたので，ピアノを弾きませんでした。(10語で)

❷ もし明日雨なら，家で勉強します。(ifで始め，rainyとwillを使って)

❶	❶			
	❷			
	❸			
	❹			
	❺			
❷	❶			
	❷			
❸	❶	❷		
❹	❶			
	❷ ②		③	
	❸			
❺	❶			
	❷			

Step 1 基本チェック　Lesson 3　Design in Our Life ~ Project 1

5分

赤シートを使って答えよう！

❶［不定詞の名詞的用法］

解答欄

□ ❶ 私はリンゴジュースが飲みたいです。
I [want] [to] drink apple juice.

□ ❷ タロウは毎日，サッカーの練習をしようとしています。
Taro [tries] [to] practice soccer every day.

❶ ______
❷ ______

❷［不定詞の副詞的用法］

□ ❶ 私は勉強するために，図書館へ行きました。
I went to the library [to] [study].

❶ ______

❸［不定詞の形容詞的用法］

□ ❶ 彼には部屋を掃除する時間がありませんでした。
He didn't have time [to] [clean] his room.

□ ❷ 何か食べるものをください。
Please give me something [to] [eat].

❶ ______
❷ ______

POINT

❶［不定詞の名詞的用法］

〈to＋動詞の原形〉を不定詞と言う。不定詞を使って，「〜すること」の意味を表すことができる。〈want＋to＋動詞の原形〉で「〜したい(することを欲(ほ)っする)」，〈need＋to＋動詞の原形〉で「〜する必要がある」，〈try＋to＋動詞の原形〉で「〜しようとする(することを試みる)」の意味を表す。

・I need to study.　[私は勉強する必要があります。]

❷［不定詞の副詞的用法］

不定詞を使って，「〜するために」の意味を表すことができる。

・Some African people use pots to carry water.
[一部のアフリカの人々は，水を運ぶためにつぼを使います。]

❸［不定詞の形容詞的用法］

不定詞を使って，「〜する(ための)…，〜すべき…」と直前の名詞に説明を加えることができる。

・I don't have time to watch TV today.　[私には今日テレビを見る(ための)時間がありません。]
・I want something cold to drink.　[私は(何か)冷たい飲みものがほしいです。]

＊「冷たいもの」と言う場合は，形容詞をsomethingのあとに置く(something hot「(何か)熱いもの」，something interesting「(何か)おもしろいもの」)。例文の直訳は「飲むための(何か)冷たいもの」。

Step 2 予想問題 Lesson 3 Design in Our Life ~ Project 1

30分 (1ページ10分)

❶ ①～⑩は単語の意味を書き，⑪～㉗は日本語を英語になおしなさい。

□ ① design ( ) □ ② plastic bottle ( )
□ ③ customer ( ) □ ④ pot ( )
□ ⑤ type ( ) □ ⑥ tool ( )
□ ⑦ million ( ) □ ⑧ needle ( )
□ ⑨ disposal ( ) □ ⑩ empty ( )
□ ⑪ ～を好む ______ □ ⑫ 部分 ______
□ ⑬ ～をしっかり持つ ______ □ ⑭ 会社 ______
□ ⑮ ～を向上させる ______ □ ⑯ 製品 ______
□ ⑰ ～を運ぶ ______ □ ⑱ 重い ______
□ ⑲ 女性(複数形) ______ □ ⑳ 不可能な ______
□ ㉑ 何か，あるもの ______ □ ㉒ 特徴 ______
□ ㉓ 特別な ______ □ ㉔ 役に立つ ______
□ ㉕ 指 ______ □ ㉖ 誤り ______
□ ㉗ ～を理解する ______

❷ 次の語で最も強く発音する部分の記号を書きなさい。

□ ① plas-tic (ア イ) ( )
□ ② con-tain-er (ア イ ウ) ( )
□ ③ ex-hi-bi-tion (ア イ ウ エ) ( )

❸ ( )内に入れるのに最も適切な語を選び，記号で答えなさい。

□ ① People want to buy well-designed ( ).
㋐ obstacles ㋑ accidents ㋒ pollution ㋓ goods

□ ② My mother put cookies into a ( ).
㋐ mouse ㋑ container ㋒ needle ㋓ country

□ ③ This water is ( ). You can't drink it.
㋐ deaf ㋑ glad ㋒ dirty ㋓ developing

□ ④ We went to an interesting ( ) at the City Hall.
㋐ exhibition ㋑ beverage ㋒ customer ㋓ tool

ヒント

❶
①④カタカナ語にもある。
②カタカナ語と異なる言い方。
⑪pで始まる。
⑯発音に注意。

❷
②カタカナ語の「コンテナ」はこの語からきている。英語とカタカナ語の発音が違うので注意。

❸
② ミスに注意
mouse と mouth の意味の違いに注意。

❹ 日本語に合う英文になるように，____に適切な語を書きなさい。

□ ① 両親のおかげで，私はカナダに留学できます。
____ ____ my parents, I can study in Canada.

□ ② 私の父はいつも家族のことを考えています。
My father always ____ ____ our family.

□ ③ この箱を持ち上げられますか。
Can you ____ ____ this box?

□ ④ 私は料理をすることに興味があります。
I'm ____ ____ cooking.

❺ 次の____に適切な語を下から選んで書きなさい。ただし，同じ語を2度使うことはできません。

□ ① You can change this sofa ____ a bed.

□ ② ____ you know, the math test will be very difficult.

□ ③ Millions ____ people do not have electricity.

□ ④ I took Lisa's umbrella ____ mistake.

of	into	by	as

❻ 次の英文を(　)内の指示にしたがって書きかえなさい。

点UP □ ① I eat sandwiches. (「～したい」という意味の文に)

□ ② We save electricity. (「～しようとする」という意味の文に)

□ ③ Many people go to America.
(「英語を勉強するために」という意味を表す3語を加えて)

□ ④ Do you have time? (下線部を「私を手伝う時間」という意味にかえて)

ヒント

❹
①「～のおかげ」は感謝を込めた言い方だが，直接言葉で相手に感謝を伝えるときはThank you.と言う。
④ -edで終わる形容詞を使う。

❺
①「～を…に変える」。sofa「ソファー」
②「ご存じのように」。math test「数学のテスト」
③「多数の～」
④「誤って」

❻
to不定詞は，主語や時制にかかわらず，toのあとの動詞は必ず原形になるよ！

①②不定詞の「～すること」という意味を表す用法。
③不定詞の「～するために」を表す用法。
④不定詞の「～する(ための)…，～すべき…」を表す用法。

❼ 日本語に合う英文になるように，____に適切な語を書きなさい。

□ ❶ 私は新しい洋服を何着か買いたいです。
I ____________ ____________ buy some new clothes.

□ ❷ エリカは卓球をするために体育館に行きました。
Erika went to the gym ____________ ____________ table tennis.

□ ❸ 私は映画を見る時間がありません。
I don't have time ____________ ____________ movies.

□ ❹ 父は車を修理するための道具を必要としています。
My father needs a tool ____________ ____________ his car.

❽ 次の英文を日本語にしなさい。

□ ❶ I want to be a singer.
(　　　　　　　　　　　　　　　　　　　　　　　　　　)

□ ❷ Aki uses a computer to talk with her grandmother.
(　　　　　　　　　　　　　　　　　　　　　　　　　　)

□ ❸ Can I have something hot to drink?
(　　　　　　　　　　　　　　　　　　　　　　　　　　)

❾ 日本語に合う英文になるように，(　)内の語句を並べかえなさい。

□ ❶ 再生可能エネルギーを使おうとする人々がいます。
Some (try / energy / people / to / renewable / use).
Some ____.

□ ❷ トムは数学を勉強するために早く帰宅しました。
Tom (came / early / home / math / study / to).
Tom ____.

□ ❸ 今度の日曜日に車を見せるための展示会があります。
There (an exhibition / is / show / to / cars) next Sunday.
There ______________________________ next Sunday.

❿ 次の日本語を(　)内の語数で英語になおしなさい。

□ ❶ 私は友だち(my friend)に会うためにフランスを訪れました。(7語)
____

□ ❷ 私は何かおもしろいものが読みたいです。(6語)
____

ヒント

❼
❶「買うこと」をしたいと考える。
❸行く時間＝「行くための」時間。

❽
❶beはbecomeと同じような意味。
❷「～するために」
❸「～するための」。Can I ～?は許可を求める表現。

something hotのように，somethingのあとに形容詞を置くことで「(何か)熱いもの」という表現ができたね。

❾
❶「人々がいます」は「何人かの人々は～」と同じ意味。

❿
❷「読みたい」は「読むことをしたい[欲(ほ)っする]」と同じ。

Step 3 予想テスト Lesson 3 Design in Our Life ~ Project 1

30分 /100点 目標 80点

1 日本語に合う英文になるように，____に適切な語を書きなさい。知　25点（各完答5点）

1 ピザとステーキのどちらを食べたいですか。私はピザのほうが好きです。
Which do you want ______ ______, pizza or steak? I ______ pizza.

2 祖父のおかげで，私は今，将棋(しょうぎ)をすることが大好きです。
______ ______ my grandfather, I love ______ ______ *shogi* now.

3 ジムは時計を修理しようとしています。
Jim is ______ ______ ______ the clock.

4 私は世界中の何百万人もの人々が，飲むためのきれいな水がないと学びました。
I ______ ______ of people around the world don't have clean water ______ ______.

5 私は姉の誕生日に何か特別なものを買いたいです。
I ______ ______ buy ______ ______ for my sister's birthday.

2 日本語に合う英文になるように，（　）内の語句を並べかえなさい。知　10点（各5点）

1 私の弟は友だちと野球をする時間がありませんでした。
My brother (play / didn't / time / baseball / to / have) with his friends.

2 彼女は床をそうじするためにモップを使っています。
She (using / is / a mop / to / the floor / clean).

3 次の対話文について（　）に入れるのに，最も適切なものの記号を書きなさい。知　10点（各5点）

1 *Boy:* I study hard because (　　).
Girl: That's great! I hope your dream will come true.
㋐ I have a soccer game tomorrow　㋑ I have to finish my homework
㋒ I want to be a scientist　㋓ I need to read difficult books

2 *Girl:* Which do you prefer, cats or dogs?
Boy: (　　)
㋐ I don't have any pets.　㋑ I have a dog.　㋒ I don't need a cat.
㋓ I like cats.

4 次の文を読んで，あとの問いに答えなさい。知 表　39点

Last Sunday, I went ①(to / see / to / the City Hall) a special exhibition. It was an exhibition ②(　　) (　　) useful products.

I saw several useful tools for people in developing countries. For example, this is a ③tool to (　　) dirty water (　　) clean water. ④(ご存じのように), ⑤(　　) (　　) people around the world cannot drink ⑥(　　) (　　).

成績評価の観点　知…言語や文化についての知識・技能　表…外国語表現の能力

① 下線部①の(　)内の語句を正しく並べかえなさい。 (6点)

② 下線部②が「見せるための」の意味になるように，(　)に入る適切な語を書きなさい。 (完答6点)

③ 下線部③が「汚い水をきれいな水に変える道具」の意味になるように，(　)に入る適切な語を書きなさい。 (完答6点)

④ 下線部④を，3語の英語になおしなさい。 (7点)

⑤ 下線部⑤が「多数の人々(何百万もの人々)」の意味になるように，(　)に入る適切な語を書きなさい。 (完答6点)

⑥ 下線部⑥の(　)にあてはまる本文中の2語を書きなさい。 (完答8点)

❺ 次の日本語を(　)内の指示にしたがって英語になおしなさい。 表 16点(各8点)

① ヨウコ(Yoko)はレポートを書くための時間がありません。(her reportを使って8語で)

② 私は教科書を持ち運ぶためにこのバッグを使います。(my textbooksを使って8語で)

❶	①			
	②			
	③			
	④			
	⑤			
❷	①			
	②			
❸	①	②		
❹	①			
	②		③	
	④			
	⑤		⑥	
❺	①			
	②			

[解答▶p.5]

Step 2 予想問題 Reading ① Six Amazing Things about Penguins

10分

❶ ①～⑧は単語の意味を書き，⑨～⑱は日本語を英語になおしなさい。

□ ① surprising (　　　　)　□ ② feather (　　　　)
□ ③ chick (　　　　)　□ ④ fast (　　　　)
□ ⑤ size (　　　　)　□ ⑥ ancient (　　　　)
□ ⑦ figure (　　　　)　□ ⑧ fasting (　　　　)
□ ⑨ ～につき ＿＿＿＿　□ ⑩ 何も～ない ＿＿＿＿
□ ⑪ 実際は，実は＿＿＿＿　□ ⑫ ～まで ＿＿＿＿
□ ⑬ ～する間に ＿＿＿＿　□ ⑭ かつて ＿＿＿＿
□ ⑮ 巨大な ＿＿＿＿　□ ⑯ けれども ＿＿＿＿
□ ⑰ ほとんど，もう少しで＿＿＿＿　□ ⑱ ～を守る ＿＿＿＿

ヒント

❶
①-ingで終わる形容詞。
④動詞。
⑤カタカナ語。
⑦動詞。
⑧動詞のfastに-ingがついて名詞になった語。
⑯yで始まる副詞。

❷ 日本語に合う英文になるように，＿＿に適切な語を書きなさい。

点UP □ ① 私たちは環境(かんきょう)を守るためにエネルギーを節約しなければなりません。
We ＿＿＿＿ save energy ＿＿＿＿
＿＿＿＿ our environment.

□ ② 私の姉の身長はおよそ5フィートです。
My sister is ＿＿＿＿ five ＿＿＿＿
＿＿＿＿.

□ ③ あなたはペンギンにはひざがあることを知っていましたか。
Did you know ＿＿＿＿ penguins have knees?

❷
①Weのあとは「～しなければならない」という助動詞がくる。

「～するために」という意味を表す，to不定詞の副詞的用法は，〈to＋動詞の原形〉の形だよ！

③文と文をつなぐ接続詞が入る。

❸ 次の＿＿に適切な語を下から選んで書きなさい。ただし，同じ語を2度使うことはできません。

点UP □ ① He tried to figure ＿＿＿＿ the answer to the question.
□ ② Children should stay out ＿＿＿＿ the park at night.
□ ③ I stay in Italy for one ＿＿＿＿ two weeks every summer.
□ ④ Jim plays soccer ＿＿＿＿ 6 p.m. every day.

to	out	of	until

❸
①「～を解き明かす」
②「～の外にいる」
③「～から…の間」
④「～まで」

Step 3 予想テスト Reading ① Six Amazing Things about Penguins

15分 /100点 目標 80点

次の文を読んで，あとの問いに答えなさい。知 表 100点

What is special about penguins? They are birds, ①(because, so, but) they cannot fly. They can swim about 32 kilometers ②(　　)(　　). Some penguins even live in very hot places.

Nothing surprising? How about these?

5. Ancient penguins had red and gray feathers.

Sometimes scientists can ③(　　)(　　) the color of ancient penguin feathers. They think that one kind had different colors, not black and white.

6. Male emperor penguins fast to protect their eggs.

Some kinds of penguins fast ④(　　) their families. For example, ⑤male emperor penguins fast to warm their eggs and protect them. Their fasting can last ⑥(　　) 90 to 120 days!

❶ 下線部①の(　)内から適切な語を選びなさい。 (10点)

❷ 下線部②が「1時間につき」の意味になるように，(　)に入る適切な語を書きなさい。ただし，最初の語はpで始めなさい。 (完答15点)

❸ 下線部③が「～を解き明かす」の意味になるように，(　)に入る適切な語を書きなさい。 (完答15点)

❹ 下線部④⑥の(　)内に共通して入る語を書きなさい。 (10点)

❺ 下線部⑤の理由を日本語で書きなさい。 (18点)

❻ 本文の内容に合っていれば○を，間違っていれば×を書きなさい。 (各8点)

ⓐ ペンギンは寒い場所だけに住んでいる。 ⓑ 古代のペンギンの羽の色が研究されている。
ⓒ ペンギンは絶食することがある。 ⓓ メスのペンギンだけが卵を育てる。

❶		❷		
❸			❹	
❺				
❻ ⓐ	ⓑ	ⓒ	ⓓ	

成績評価の観点 知…言語や文化についての知識・技能 表…外国語表現の能力

[解答▶p.6]

教科書 pp.45-54

Step 1 基本チェック　Lesson 4　Workplace Experience ~ Tips ③ for Writing

5分

赤シートを使って答えよう！

❶ [動名詞]

解答欄

□ ① 私は映画を見ることが好きです。
I like [watching] movies.

□ ② カナは友だちと話すことを楽しみました。
Kana enjoyed [talking] with her friends.

□ ③ 私の母は夕食を作り終えました。
My mother finished [cooking] dinner.

□ ④ ケーキを作るのはとても楽しいです。
[Making] a cake is a lot of fun.

❶ ______
❷ ______
❸ ______
❹ ______

❷ [SVOO(＝that節)]

□ ① 私たちの先生は，本を読むことは大切だと教えてくれました。
Our teacher [taught] us [that] reading books is important.

□ ② タロウは私に，ロンドンを訪れるつもりだと言いました。
Taro [told] me [that] he was going to visit London.

❶ ______
______
❷ ______
______

POINT

❶ [動名詞]

①動詞の-ing形(動名詞)は「～すること」という意味を表し，名詞としてはたらく。また，enjoy, like，finishなどの動詞のあとでよく使われる。

- I enjoyed working at a bookstore.　[私は書店で働くことを楽しみました。]
- I like listening to music.　[私は音楽を聞くことが好きです。]

②動詞の-ing形はまた，主語として使うことができ，「～することは」という意味を表す。

- Playing tennis is a lot of fun.　[テニスをすることはとても楽しいです。]

❷ [SVOO(＝that節)]

SVOOの２つ目のOがthat節の形。thatは「～ということ」という意味。〈teach[tell]＋人＋that ～〉の形で，「人に～ということを教える[伝える(言う)]」という意味を表す。

- Kenta's mother told me that Kenta was sick in bed.
[ケンタのお母さんは私に，ケンタが病気で寝ていると言いました。]
- My father taught me that getting up early is important.
[父は，早起きをすることは大切だと教えてくれました。]

Step 2 予想問題 Lesson 4 Workplace Experience ~ Tips ③ for Writing

30分 (1ページ10分)

1 ❶～❿は単語の意味を書き，⓫～⓴は日本語を英語になおしなさい。

□ ❶ workplace ( ) □ ❷ shopkeeper ( )
□ ❸ wrap ( ) □ ❹ nursery ( )
□ ❺ require ( ) □ ❻ shelf ( )
□ ❼ tough ( ) □ ❽ decrease ( )
□ ❾ speed ( ) □ ❿ magazine ( )
□ ⓫ 報告書，レポート ______ □ ⓬ 経験，体験 ______
□ ⓭ 実在する ______ □ ⓮ 店 ______
□ ⓯ 紙 ______ □ ⓰ 世話 ______
□ ⓱ 子ども(複数形) ______ □ ⓲ 数，数字 ______
□ ⓳ まだ，依然(いぜん)として ______ □ ⓴ 必要な ______

2 次の語で最も強く発音する部分の記号を書きなさい。

□ ❶ nurs-er-y (ア イ ウ) ( )
□ ❷ nec-es-sar-y (ア イ ウ エ) ( )
□ ❸ ex-pe-ri-ence (ア イ ウ エ) ( )

3 ( )内に入れるのに最も適切な語を選び，記号で答えなさい。

□ ❶ The number of children in Japan is ( ).
㋐ decreasing ㋑ saving ㋒ fixing ㋓ sending

□ ❷ This job ( ) a lot of energy.
㋐ prefers ㋑ requires ㋒ cares ㋓ wants

4 日本語に合う英文になるように，____に適切な語を書きなさい。

□ ❶ この本は値段が高いです。たとえそうでも，私はそれがほしいです。
This book is expensive. ______ ______, I want it.

□ ❷ 彼はその知らせに驚きました。
He was ______ ______ the news.

□ ❸ 私の家の近くにはかつて，書店がありました。
There ______ ______ be a bookstore near my house.

ヒント

1
❶ workとplaceを合わせた語。
❷ shopとkeeperを合わせた語。
❸ 動詞。
❹ nursery schoolとも言う。
❻ 複数形はshelves。
❾❿⓫⓯⓲ カタカナ語でも使われる。
⓭ 形容詞。

2 ミスに注意
語末のenceにアクセントがくることはない。

3
❶「子どもの数」が主語。
❷ This jobが主語でa lot of energyが目的語の関係。この間に入る最適な動詞を選ぶ。

4
❶「たとえそうでも」の言い方。
❷「驚いた」は-edのつく形容詞。
❸ There is[are] ～「～があります」が元の形。

[解答▶p.7]

❺ 次の____に適切な語を下から選んで書きなさい。ただし，同じ語を２度使うことはできません。

- ❶ I'd like ____________ visit Italy someday.
- ❷ Playing tennis was difficult ____________ first.
- ❸ She likes taking care ____________ dogs.
- ❹ If you want to study in America, go ____________ it!
- ❺ I want to be a pilot ____________ the future.

of	at	to	in	for

ヒント

❺
❶「～したい」
❷「最初は」
❸「～の世話をする」
❹「がんばって」
❺「将来は」

❻ 次の文の(　)内の語を適切な形になおしなさい。さらに，日本語訳の(　)内を補いなさい。

- ❶ Jin doesn't like (paint) pictures. ____________
  ジンは (　　　　　) が好きではありません。
- ❷ I enjoy (listen) to music. ____________
  私は (　　　　　) を楽しみます。
- ❸ (Eat) breakfast is very important. ____________
  (　　　　　) はとても大切です。
- ❹ Ami is good at (speak) English. ____________
  アミは (　　　　　) が得意です。

❻
動詞の -ing 形は，「～すること」という意味になり，名詞の役割をはたすよ。

❸(　)内の語が主語になる。
❹ be good at ～「～がじょうずである」。

❼ 日本語に合う英文になるように，____に適切な語を書きなさい。

- ❶ ベンは私に東京を訪れるつもりだと言いました。
  Ben ____________ me ____________ he ____________ visit Tokyo.
- ❷ リオは私に本を読むことは楽しいということを教えてくれました。
  Rio ____________ me that ____________ books is fun.
- 点UP ❸ 私は母にレストランで働く予定だと伝えました。
  I ____________ my mother ____________ I ____________ going to work at a restaurant.

❼
❶❸ ミスに注意
「～するつもりだ」や「～する予定だ」は未来のことを表すが，❶も❸も過去の文なので that 節内の未来を表す語も過去形にする。
❷ that 節内の内容が一般的な真理なので，時制の一致を受けない。

 [解答▶p.7]

❽ 次の文に対する応答として適切なものを，(　)内の指示にしたがって，英語で書きなさい。

□ ❶ What did you do last weekend?
(「サッカーをすることを楽しんだ」と答える)

____

□ ❷ What do you like to do in summer?
(「海で泳ぐことが好き」と答える。動詞の-ing形を使って6語で)

____

□ ❸ What did your father tell you?
(「友だちを助けることは大切だと私に言った」と答える。helpingを使って9語で)

____

❾ 次の英文を日本語にしなさい。

□ ❶ I finished writing a report about developing countries.
(　　　　　　　　　　　　　　　　)

□ ❷ John told me that he was going to buy a computer.
(　　　　　　　　　　　　　　　　)

□ ❸ Getting up early is good for you.
(　　　　　　　　　　　　　　　　)

❿ 日本語に合う英文になるように，(　)内の語句を並べかえなさい。

□ ❶ 私の家族は公園で散歩をすることを楽しみました。
(enjoyed / in / my family / walking) the park.
______________________________ the park.

□ ❷ 俳句を書くことはとてもおもしろいです。
(haiku / interesting / is / very / writing).
______________________________.

□ ❸ 彼女は弟に，勉強することは大切であると教えました。
She (her brother / that / taught / studying) is important.
She ______________________________ is important.

⓫ 次の日本語を(　)内の指示にしたがって英語になおしなさい。

□ ❶ 私は図書館で働くことを楽しみました。(6語で)

____

□ ❷ 私は夕食を作るつもりであると母に伝えました。
(thatを使って11語で)

____

ヒント

❽
❸ your fatherは代名詞Heに置きかえ，「彼は～と私に言った」という文にする。

❾
❶ about以下はa reportについて説明している。
❷ be going to ～ は「～する予定である」という意味。
❸ 動詞の-ing形が主語の文。

❿

英語の肯定文は〈主語＋動詞＋その他〉という語順が基本だよ！
❷ 動詞の-ing形が主語の文。

⓫
❶ 動詞の-ing形を使った文。
❷ 文全体は「伝えました」という過去の文なので，「～するつもり」も過去形にする。

教科書 pp.45-54

Step 3 予想テスト　Lesson 4　Workplace Experience ~ Tips ③ for Writing

30分　/100点　目標 80点

1 日本語に合う英文になるように，____に適切な語を書きなさい。知　25点（各完答5点）

1. 彼女は子どもの世話をすることが好きです。
   She likes ______ ______ ______ children.
2. 店で働くことは，最初は大変でした。
   ______ at a ______ was tough ______ first.
3. 私は病院で職場体験をしたいです。
   I'd ______ ______ have my workplace ______ in a hospital.
4. 私の祖父は高齢です。たとえそうでも，彼は今でもテニスをすることを楽しんでいます。
   My grandfather is old. ______ ______, he still enjoys ______ tennis.
5. 彼は私に，昔ここに庭園があったと言いました。
   He ______ me ______ there ______ to be a garden here.

2 日本語に合う英文になるように，(　)内の語句を並べかえなさい。知　15点（各5点）

1. この部屋の掃除をしたあと，買い物に行きましょう。
   Let's go shopping (cleaning / room / this / after).
2. レストランで働くことはたくさんのエネルギーを必要とします。
   (at / working / requires / a restaurant) a lot of energy.
3. このグラフは魚の数が減少していることを私たちに伝えています。
   This graph (the number of / us / fish / tells) is decreasing.

3 次の対話文について(　)に入れるのに，最も適切な文の記号を書きなさい。知　10点（各5点）

1. *Man:* What would you like?
   Woman: (　　)
   ㋐ I would go for it.　㋑ I don't like it.
   ㋒ I'd like a cup of tea.　㋓ I like painting pictures.
2. *Boy:* There used to be a nice restaurant near the station.
   Girl: Yes. (　　)
   ㋐ Let's go there tonight.　㋑ I often went there.
   ㋒ I sometimes used the station.　㋓ I like that restaurant.

4 次の文を読んで，あとの問いに答えなさい。知 表　26点

Ms. King: ①(your report / finish / you / writing / did) about your workplace experience, Aya?

Aya: Yes. I finished it last evening.
Ms. King: ②(　　) did you have your experience?
Aya: At a bookstore. I really ③(enjoy) (work) there and I learned a lot ④(　　) working in a real store.

❶ 下線部①の(　)内の語句を正しく並べかえなさい。 (6点)
❷ 下線部②の(　)に入る適切な1語を書きなさい。 (6点)
❸ 下線部③の(　)内の語をそれぞれ正しい形になおしなさい。 (完答8点)
❹ 下線部④が「働くことを通して」の意味になるように，(　)に入る適切な語を書きなさい。 (6点)

❺ 次の日本語を(　)内の指示にしたがって英文にしなさい。 表 24点(各8点)

❶ 私たちは子どもたちと歩くことを楽しみました。(5語で)
❷ 野菜を食べることは私たちの健康によいです。(vegetables, our healthを使って7語で)
❸ 私の妹は体の調子が悪いと私に言いました。(thatとsickを使って8語で)

❶	❶		
	❷		
	❸		
	❹		
	❺		
❷	❶		
	❷		
	❸		
❸	❶	❷	
❹	❶		
	❷	❸	❹
❺	❶		
	❷		
	❸		

教科書 pp.55-64

Step 1 基本チェック　Lesson 5　How to Celebrate Halloween ~ Tips ④ for Speaking

5分

赤シートを使って答えよう！

❶ [疑問詞＋to＋動詞の原形]

解答欄

□ ① 私にピアノの弾き方を教えてください。
Please teach me [how] [to] play the piano.

□ ② 彼女に何をあげるべきか，私にはわかりません。
I don't know [what] [to] give her.

❷ [It is ...＋(for＋人＋) to＋動詞の原形]

□ ① 映画を見ることは楽しいです。 It is fun [to] see movies.

□ ② 母にとってケーキを作ることは簡単です。
It is easy [for] my mother to make a cake.

❸ [動詞＋人＋how to＋動詞の原形]

□ ① 彼はタブレットPCの使い方を私に教えてくれました。
He [taught] me [how] [to] use the tablet PC.

POINT

❶ [疑問詞＋to＋動詞の原形]

〈how to＋動詞の原形〉で「〜の仕方(どのように〜するか)」という意味を表す。

・I know how to make a jack-o'-lantern. [私はカボチャちょうちんの作り方を知っています。]

〈what to＋動詞の原形〉で「すべきこと(何を〜すべきか)」という意味を表す。

・I didn't know what to do next. [私は次に何をすべきかわかりませんでした。]

〈when to＋動詞の原形〉で「いつ〜すればよいか[すべきか]」という意味を表す。

❷ [It is ...＋(for＋人＋) to＋動詞の原形]

「(人が[にとって])〜することは…である」という文は，itを主語にして表せる。このitは後ろのto 〜を表す形式的な主語なので，「それは」とは訳さず，to 〜の部分を主語のようにして訳す。

・It is interesting to learn about Halloween. [ハロウィーンについて学ぶことはおもしろいです。]

・It is easy for me to get up early. [早起きをすることは私にとって簡単です。]

❸ [動詞＋人＋how to＋動詞の原形]

「人に〜の仕方を教える[たずねる，言う，見せる]」は〈teach[ask, tell, show]＋人＋how to＋動詞の原形〉で表す。

・Bob taught me how to make a jack-o'-lantern.
[ボブは私にカボチャちょうちんの作り方を教えてくれました。]

Step 2 予想問題 Lesson 5 How to Celebrate Halloween ~ Tips ④ for Speaking

30分 (1ページ10分)

❶ ①〜⑩は単語の意味を書き，⑪〜⑳は日本語を英語になおしなさい。

□ ① carve ( ) □ ② spirit ( )
□ ③ dead ( ) □ ④ evil ( )
□ ⑤ costume ( ) □ ⑥ origin ( )
□ ⑦ church ( ) □ ⑧ ancestor ( )
□ ⑨ similar ( ) □ ⑩ welcome ( )
□ ⑪ 〜を祝う ______ □ ⑫ 文化 ______
□ ⑬ 〜を切る ______ □ ⑭ 穴 ______
□ ⑮ てっぺん，上 ______ □ ⑯ それぞれの ______
□ ⑰ 外に[へ，で] ______ □ ⑱ 〜を思い出す，覚えている ______
□ ⑲ 戻(もど)る，帰る ______ □ ⑳ 慣習 ______

❷ 次の語で最も強く発音する部分の記号を書きなさい。

□ ① cos-tume (ア イ) ( )
□ ② ap-pear (ア イ) ( )
□ ③ or-i-gin (ア イ ウ) ( )
□ ④ an-ces-tor (ア イ ウ) ( )

❸ ( )内に入れるのに最も適切な語を選び，記号で答えなさい。

□ ① Please burn the ( ) on the cake.
㋐ food ㋑ candles ㋒ coal ㋓ cultures

□ ② The ( ) slowly changed into a flower.
㋐ tree ㋑ word ㋒ seed ㋓ face

❹ 日本語に合う英文になるように，____に適切な語を書きなさい。

□ ① その祭りは今週末に行われます。
The festival ______ ______ this weekend.

□ ② 私は，ネコを私の鳥から遠ざけようとしました。
I tried to ______ the cats ______ from my bird.

□ ③ 英語は日本語とはとても異なっています。
English is very ______ ______ Japanese.

ヒント

❶
①⑩動詞。
③dieの形容詞。状態を表している。
⑤カタカナ語にもなっている。
⑯eで始まる。

❷ ミスに注意
カタカナ語の発音・アクセントは英語と異なることが多いので特に注意。

❸
①on the cakeから考える。
②ゆっくりとflowerに変わっていくもの。

❹
①「行われる」という意味の熟語。

①は主語が三人称単数で，現在の確定した予定なので動詞の形に注意しよう！このことは常に意識しよう！

5 次の____に適切な語を下から選んで書きなさい。ただし，同じ語を2度使うことはできません。

- ☐ ❶ Can you take ________ the pencil case from my bag?
- ☐ ❷ My sister is afraid ________ snakes.
- ☐ ❸ ________ doing so, people remember their ancestors.
- ☐ ❹ We eat soba ________ New Year's Eve in Japan.

on	out	of	by

6 日本語に合う英文になるように，____に適切な語を書きなさい。

- ☐ ❶ あなたは，スキーの仕方がわかりますか。
  Do you know ________ ________ ski?
- ☐ ❷ 彼女は母に何を買うべきかわかりませんでした。
  She didn't know ________ ________ buy for her mother.
- ☐ ❸ 私にとってダンスをすることは楽しいです。（点UP）
  ________ is fun ________ me ________ dance.
- ☐ ❹ いつスピーチを始めればよいか教えてもらえますか。
  Can you tell me ________ ________ start my speech?
- ☐ ❺ 私はリズにパーティーに何を持って行けばよいかをたずねました。
  I ________ Liz ________ ________ take to the party.

7 次の文に対する応答として適切なものを，(　)内の指示にしたがって英語で書きなさい。

- ☐ ❶ Why didn't you say anything?
  (「なぜなら何を言うべきかわからなかったから」と答える)
  Because I didn't ____________________.
- ☐ ❷ What did Ms. Brown teach you?
  (「私にレポートの書き方を教えてくれた」と答える)
  She ____________________ a report.

ヒント

5
❶「取り出す」
❷「～を恐れて」
❸「そうすることによって」
❹「大晦日(おおみそか)に」

6
❶「～の仕方」は「どのように～するか」と考える。
❸主語はitを使う。

形式的な主語としてitを使う文。「～することは」の部分は〈to＋動詞の原形〉で表す。このitは後ろのto ～を表す形式的な主語なので，「それは」とは訳さないよ。

❹「いつ」と聞くときの疑問詞を使う。Can you ～?は依頼表現。
❺「何を」と聞くときの疑問詞を使う。

7
❷「書き方」は「どのように書くか」と考える。

ヒント

❽ 次の英文を日本語にしなさい。

□ ❶ It is important to know about environmental problems.
(　　　　　　　　　　　　　　　　　　　　　　　　)

□ ❷ The woman asked me how to get to the city hall.
(　　　　　　　　　　　　　　　　　　　　　　　　)

□ ❸ I didn't know what to do for him.
(　　　　　　　　　　　　　　　　　　　　　　　　)

❽
〈how to＋動詞の原形〉の形で「～の仕方(どのように～するか)」を表し，〈what to＋動詞の原形〉で「すべきこと(何を～すべきか)」を表すよ！

❾ 日本語に合う英文になるように，(　)内の語句を並べかえなさい。

□ ❶ 私は野菜をどうやって育てるか学びたいです。
I want to (how / grow / vegetables / learn / to).
I want to ＿＿＿＿＿＿＿＿＿＿＿＿＿＿＿＿＿＿＿＿.

□ ❷ 数学を理解することは彼にとっては難しいです。
(difficult / is / understand / it / to / him / for) math.
＿＿＿＿＿＿＿＿＿＿＿＿＿＿＿＿＿＿＿＿ math.

□ ❸ 私に馬の乗り方を教えてもらえますか。
Can you (me / to / ride / teach / how) a horse?
Can you ＿＿＿＿＿＿＿＿＿＿＿＿＿＿＿＿ a horse?

□ ❹ 彼女はいつ恩師を訪ねればよいかわかりませんでした。
She (to / when / know / visit / didn't) her old teacher.
She ＿＿＿＿＿＿＿＿＿＿＿＿＿＿＿ her old teacher.

❾
❶ ミスに注意
意味をよく考えて，2つの動詞を置く位置を間違えないように注意。
❷形式的な主語を使った文。

❿ 次の日本語を(　)内の指示にしたがって英語になおしなさい。

□ ❶ コンピューターを使うことは私にとって簡単です。(it, aを使って9語で)
＿＿＿＿＿＿＿＿＿＿＿＿＿＿＿＿＿＿＿＿＿＿＿＿＿＿

□ ❷ 彼は昼食に何を食べるべきかわかりませんでした。
(toを使って8語で)
＿＿＿＿＿＿＿＿＿＿＿＿＿＿＿＿＿＿＿＿＿＿＿＿＿＿

❿
❶主語には人ではなく，代名詞を置く。
❷過去形にすることに注意。

Step 3 予想テスト Lesson 5 How to Celebrate Halloween ~ Tips ④ for Speaking

30分 /100点 目標 80点

1 日本語に合う英文になるように，____に適切な語を書きなさい。 知 25点（各完答5点）

❶ 子どもたちをそのイヌから遠ざけてください。
Please ______ the children ______ from that dog.

❷ 彼女はどうやってハロウィーンのかぼちゃを切り取るかを教えてくれました。
She ______ me ______ to ______ ______ Halloween pumpkins.

❸ いくつかの日本の古い慣習は，新しいものとはまったく異なります。
Some Japanese old ______ are very ______ ______ new ones.

❹ 私にとってたくさんの英単語を覚えることは簡単ではありません。
______ isn't easy ______ me ______ ______ many English words.

❺ 彼は私にどのようにお盆(ぼん)を祝うかを見せてくれました。 He ______ me ______ to______ Obon.

2 日本語に合う英文になるように，(　)内の語句を並べかえなさい。 知 15点（各5点）

❶ 私は妹にギターの弾き方を教えました。 I taught my sister (to / how / the / guitar / play).

❷ 彼はハロウィーンで何を着るべきかわかりませんでした。
(didn't / wear / what / he / to / know) on Halloween.

❸ 夏祭りに行くことはエリにとってはわくわくすることです。
(it / Eri / to / is / for / exciting / go) to the summer festival.

3 次の対話文について，(　)に入れるのに最も適切な文の記号を書きなさい。 知 14点（各7点）

❶ *Boy:* Do you know how to cook tempura?
Girl: (①) Can you teach me how?
Boy: Sure. First, cut the vegetables, and then put an egg in cold water.
Girl: (②) I'll do it.

① ㋐ Of course. ㋑ I remember it. ㋒ It's easy. ㋓ No, I don't.
② ㋐ What for? ㋑ Excuse me. ㋒ Got it. ㋓ Me, too.

4 次の文を読んで，あとの問いに答えなさい。 知 表 30点

Pedro: That's a cool jack-o'-lantern.
Aya: ①(how / taught / to / me / Bob / it / make).
Pedro: I remember the Day of the Dead in Brazil. We celebrate it on November 2nd.
Aya: ②Can you tell me more?
Pedro: Sure. We go to church and give flowers to remember our ancestors.

 成績評価の観点 知…言語や文化についての知識・技能 表…外国語表現の能力

Aya: Oh, ③it's like the Bon Festival in Japan! We believe our ancestors' spirits return home during Obon.

Pedro: ④It's interesting (　　) (　　) we have (　　) (　　).

❶ 下線部①が「ボブは私にそれの作り方を教えてくれました」の意味になるように，(　)内の語句を正しく並べかえなさい。 **(8点)**

❷ 下線部②を日本語になおしなさい。 **(8点)**

❸ 下線部③のitが指すものを本文中の5語で書きなさい。 **(6点)**

❹ 下線部④が「私たちが，同じような慣習を持つのを知ることはおもしろいです。」の意味になるように，(　)に入る適切な語を書きなさい。 **(完答8点)**

❺ 次の日本語を(　)内の指示にしたがって英語になおしなさい。 表 **16点(各8点)**

❶ この川で泳ぐことは危険ですか。(itとdangerousを使って，8語で)

❷ 私は何をしたらよいかわかりませんでした。(6語で)

❶	❶				
	❷				
	❸				
	❹				
	❺				
❷	❶				
	❷				
	❸				
❸	❶ ①	②			
❹	❶				
	❷				
	❸				
	❹				
❺	❶				
	❷				

教科書 pp.65-75

Step 1 基本チェック　Lesson 6　Castles and Canyons ~ Useful Expressions ②

5分

赤シートを使って答えよう！

❶ [比較級]

解答欄

□ ① 私はジムより年上です。 I'm [older] [than] Jim.

□ ② 私にとって，数学は英語よりおもしろいです。
Math is [more] interesting [than] English to me.

❷ [最上級]

□ ① この塔は日本で最も高いです。
This tower is [the] [tallest] in Japan.

❸ [〈as＋形容詞[副詞]＋as ～〉の文]

□ ① 私は父と同じくらいの身長です。 I'm [as] tall [as] my father.

❹ [like ～ better than ..., like ～ (the) bestの文]

□ ① 私はネコよりもイヌが好きです。I like dogs [better] [than] cats.

POINT

❶ [比較級]

２つのものや人を比べて「～より…だ」と言うときは，〈形容詞[副詞]の比較級＋than ～〉で表す。than ～は「～よりも」の意味。

①比較級は，語尾にerをつけて作る。

・The Great Buddha is taller than our school. ［その大仏は私たちの学校よりも高いです。］（The Great Buddha と our school を比較）

②つづりが長めの語の比較級は，前にmoreをつけて作る。

・This book is more interesting than that one. ［この本はあの本よりもおもしろいです。］

❷ [最上級]

３つ以上のものや人のうち「～の中でいちばん[最も]…だ」と言うときは，〈the＋形容詞[副詞]の最上級＋of[in] ～〉で表す。最上級の前にはtheをつける。

①最上級は，語尾にestをつけて作る。

・This is the tallest Great Buddha in Japan. ［これは日本でいちばん高い大仏です。］

②つづりが長めの語の最上級は，前にmostをつけて作る。

・Himeji Castle is the most popular in Japan. ［姫路城は日本でいちばん人気があります。］

❸ [〈as＋形容詞[副詞]＋as ～〉の文]

２つのものや人を比べて「～と同じくらい…だ」と言うときは，〈as＋形容詞[副詞]＋as〉で表す。

・Kyoto is as popular as Nara. ［京都は奈良と同じくらい人気があります。］

❹ [like ～ better than ..., like ～ (the) bestの文]

「…よりも～の方が好きだ」はlike ～ better than ...で表し，「～がいちばん好きだ」はlike ～ (the) bestで表す。

・I like summer the best. ［私は夏がいちばん好きです。］

Step 2 予想問題

Lesson 6 Castles and Canyons ~ Useful Expressions ②

30分 (1ページ10分)

❶ ❶～❽は単語の意味を書き，❾～⑳は日本語を英語になおしなさい。

- ☐ ❶ sightseeing ( )
- ☐ ❷ U.S. ( )
- ☐ ❸ fascinating ( )
- ☐ ❹ sight ( )
- ☐ ❺ mysterious ( )
- ☐ ❻ scenery ( )
- ☐ ❼ trail ( )
- ☐ ❽ might ( )
- ☐ ❾ ～よりも ______
- ☐ ❿ 建物 ______
- ☐ ⓫ 耳にする ______
- ☐ ⓬ ～の間で ______
- ☐ ⓭ 歴史 ______
- ☐ ⓮ ファン ______
- ☐ ⓯ 探査，調査 ______
- ☐ ⓰ (インターネットの)サイト ______
- ☐ ⓱ 強力な ______
- ☐ ⓲ 特に ______
- ☐ ⓳ 岩，石 ______
- ☐ ⓴ ～に沿って ______

ヒント

❶
❷国名。
❹と❻は同じ意味を持つ語。
❺⓰⓱カタカナ語にもなっている。
❽助動詞mayの過去形。mayと同様の意味だが，mayより確信度が低いときに用いる。
⓮カタカナ語。

❷ 最も強く発音する位置が他と異なるものの記号を○で囲みなさい。

- ☐ ❶ ㋐ pow-er-ful ㋑ his-to-ry ㋒ pol-lu-tion
- ☐ ❷ ㋐ in-cred-i-ble ㋑ pho-tog-ra-pher ㋒ fas-ci-nat-ing

❷ ミスに注意
カタカナ語の発音・アクセントに特に注意。

❸ 次の語の比較級と最上級を書きなさい。

	比較級	最上級
☐ ❶ high		
☐ ❷ old		
☐ ❸ small		
☐ ❹ long		
☐ ❺ popular		
☐ ❻ difficult		
☐ ❼ interesting		
☐ ❽ good		

❸
比較級と最上級の作り方を確認しよう！短いつづりの形容詞と副詞は-er, -estを語尾につけるよ。つづりが長めの形容詞と副詞には，その前にmore, mostをつけるよ。また，goodのように不規則に変化するものもあるのでしっかり覚えよう！

[解答▶p.11]

4 日本語に合う英文になるように，＿＿に適切な語を書きなさい。

□ ❶ 彼は日本の祭りに興味があります。
He is ＿＿＿＿ ＿＿＿＿ Japanese festivals.

点UP □ ❷ 私はリンゴジュースよりオレンジジュースのほうが好きです。
I ＿＿＿＿ orange juice ＿＿＿＿ apple juice.

□ ❸ 町の景色は夜にはいっそう美しく見えました。
The view of the town looked ＿＿＿＿ ＿＿＿＿ beautiful at night.

ヒント

4
❷ ミスに注意
thanを使わない２つのものの比較であることに注意。
❸比較級を強調する語が必要。

5 次の＿＿に適切な語を下から選んで書きなさい。
ただし，同じ語を２度使うことはできません。

□ ❶ I like vegetables such ＿＿＿＿ potatoes and pumpkins.

□ ❷ We won the soccer game because ＿＿＿＿ our effort.

点UP □ ❸ This comic book is popular ＿＿＿＿ young people.

□ ❹ An old man and a dog were walking ＿＿＿＿ the beach.

among	as	of	along

5
❶「～のような」
❷「～のおかげで」
❸「～の間で」
❹「～に沿って」

6 次の文をほぼ同じ意味の文に書きかえるとき，
＿＿に適切な語を書きなさい。

□ ❶ My bag is bigger than yours.
Your bag is ＿＿＿＿ ＿＿＿＿ mine.

□ ❷ Kana is shorter than Miyu.
Miyu is ＿＿＿＿ ＿＿＿＿ Kana.

□ ❸ I prefer books to TV.
I like books ＿＿＿＿ ＿＿＿＿ TV.

□ ❹ No one can run faster than Tom in our class.
Tom can run ＿＿＿＿ ＿＿＿＿ in our class.

6
❶大きさの比較。主語をYour bagにした場合，bigの代わりに用いる語は？
❸〈prefer ～ to ...〉は「…よりも～が好きである」という意味で，thanを使わない比較表現。
❹「トムよりも速く走れる人がいない」ということは，トムを主語にするとどうなるかを考える。

 ［解答▶p.11］

ヒント

❼ 日本語に合う英文になるように，＿＿に適切な語を書きなさい。

□ ❶ ユリは，エミリーと同じくらい上手に英語を話します。
Yuri speaks English as ＿＿＿＿ ＿＿＿＿ Emily.

□ ❷ エベレスト山は富士山よりずっと高いです。
Mt. Everest is ＿＿＿＿ ＿＿＿＿ than Mt. Fuji.

□ ❸ この車はこの店でいちばん高価です。
This car is ＿＿＿＿ ＿＿＿＿ ＿＿＿＿ in this shop.

❼
❶「じょうずに」は副詞で表す。
❷much＋比較級で「ずっと～」の意味。

❽ 次の英文を日本語にしなさい。

□ ❶ Science is the most difficult subject for me.
(　　　　　　　　　　　　　　　　　　)

□ ❷ Kamakura is one of the oldest towns in Japan.
(　　　　　　　　　　　　　　　　　　)

□ ❸ I like temples and shrines better than castles.
(　　　　　　　　　　　　　　　　　　)

❽
❷〈one of the＋形容詞の最上級＋名詞の複数形〉で「いちばん[最も]～なものの1つ」という意味。

❾ 日本語に合う英文になるように，(　)内の語句を並べかえなさい。

□ ❶ 私の兄の部屋は私のものよりも広いです。
(room / than / is / mine / larger / my brother's).
＿＿＿＿＿＿＿＿＿＿＿＿＿＿＿＿＿＿＿＿.

□ ❷ 愛はお金よりも大切です。
(important / is / money / love / than / more).
＿＿＿＿＿＿＿＿＿＿＿＿＿＿＿＿＿＿＿＿.

□ ❸ これが，アメリカ合衆国でいちばん美しい国立公園です。
This is (national park / the / America / in / beautiful / most).
This is ＿＿＿＿＿＿＿＿＿＿＿＿＿＿＿＿＿＿＿＿.

□ ❹ 私はすべての動物の中でウサギがいちばん好きです。
I (of / rabbits / the / like / best) all the animals.
I ＿＿＿＿＿＿＿＿＿＿＿＿＿＿＿＿ all the animals.

❾
並べかえ問題で大切なのは，まず主語と動詞を決めることだよ！
❶2つの部屋の広さの比較。mineはmy roomのこと。

❿ 次の日本語を(　)内の語を使って英語になおしなさい。

□ ❶ これは日本でいちばん人気のあるお城です。(castle)
＿＿＿＿＿＿＿＿＿＿＿＿＿＿＿＿＿＿＿＿

□ ❷ あの建物は私たちの学校と同じくらいの高さです。(tall)
＿＿＿＿＿＿＿＿＿＿＿＿＿＿＿＿＿＿＿＿

❿
❶「日本で」は，in ～を使う。

[解答▶p.11]

Step 3 予想テスト Lesson 6 Castles and Canyons ~ Useful Expressions ②

30分　/100点　目標 80点

1 日本語に合う英文になるように，____に適切な語を書きなさい。知　20点(各完答5点)

❶ さあ，着きましたよ！　こちらが頂上です。この建物は私たちの市でいちばん高いです。
______ we are! This is the top. This ______ is ______ ______ in our city.

❷ 私は夏よりも冬が好きです。 I ______ winter ______ summer.

❸ その歌手の新しい曲は，彼のほかの曲より人気があります。
That singer's new song is ______ ______ than his other songs.

❹ 私は，あなたが韓国料理がいちばん好きだと聞いています。
I ______ you like Korean food ______ ______.

2 日本語に合う英文になるように，(　)内の語句を並べかえなさい。知　15点(各5点)

❶ 私は，中国がアメリカ合衆国と同じくらいの大きさだと習いました。
I learned (as / America / is / large / as / China).

❷ ケンはその4人の少年たちの中でいちばん高く跳ぶことができます。
Ken (the / of / jump / highest / can) the four boys.

❸ 私にとっては，野球のほうがサッカーよりおもしろいです。
Baseball (more / is / than / soccer / interesting) to me.

3 次の対話文について(　)に入れるのに，最も適切なものの記号を書きなさい。知　10点(各5点)

❶ *Man:* This shirt is nice. Do you have any (　　) ones?
Woman: Oh, is it too large for you?
㋐ smaller　㋑ nicer　㋒ larger　㋓ older

❷ *Boy:* I think cats are cuter than dogs.
Girl: (　　) I prefer dogs to cats.
㋐ I like them the best.　㋑ Cats are all cute.　㋒ I agree.　㋓ I don't think so.

4 次の文を読んで，あとの問いに答えなさい。知 表　39点

Aya: Kamakura was wonderful. What place do you want to visit next?
Bob: I'm interested ①(　　) Japanese castles.
Aya: I hear they're popular ②(　　) history fans.
Bob: Yes. ③(interesting / more / Japanese food / are / than / Japanese castles) to me.
Kenta: Incredible! I prefer eating ④(　　) sightseeing.
Aya: Let's do an Internet search on castles. This site says ⑤Himeji Castle is (　　) (　　) (　　) (　　) (　　) Japan.

 成績評価の観点 知…言語や文化についての知識・技能 表…外国語表現の能力

Bob: I want to see Himeji Castle. I heard ⑥it's (　　) (　　) (　　) (　　) all the castles.

❶ 下線部①②④の(　)に入る語を次の中からそれぞれ選び，記号で答えなさい。 (各5点)

㋐ to　　㋑ among　　㋒ in

❷ 下線部③が本文の内容に合うように，(　)内の語句を正しく並べかえなさい。 (8点)

❸ 下線部⑤が「姫路城は日本でいちばん人気がある城です」の意味になるように，(　)に入る適切な語を書きなさい。 (完答8点)

❹ 下線部⑥が「それがすべての城の中でいちばん美しい」の意味になるように，(　)に入る適切な語を書きなさい。 (完答8点)

❺ 次の日本語を(　)内の指示にしたがって英語になおしなさい。 表　16点(各8点)

❶ この建物は東京タワーと同じくらいの高さです。(Tokyo Towerを使って)

❷ 英語のテストは数学のテストよりも簡単でした。(testを使って)

❶	❶				
	❷				
	❸				
	❹				
❷	❶				
	❷				
	❸				
❸	❶	❷			
❹	❶ ①	②	④		
	❷				
	❸				
	❹				
❺	❶				
	❷				

教科書 pp.77-89

Step 1 基本チェック　Lesson 7　The Gift of Giving ~ Project 2

5分

赤シートを使って答えよう！

❶ [受け身の文]

解答欄

□ ① 英語は世界中で使われています。
English [is] [used] all over the world.

□ ② この絵は有名な芸術家によって描かれました。
This picture [was] [painted] [by] a famous artist.

❷ [受け身の文の疑問文と否定文]

□ ① この車は日本で作られていますか。
[Is] this car [made] in Japan?

□ ② この手紙は彼によって送られませんでした。
This letter was [not] [sent] by him.

❸ [助動詞(should, can, willなど)を使った受け身の文]

□ ① この本は多くの人に読まれるべきです。
This book [should] be [read] by many people.

POINT

❶ [受け身の文]

〈be動詞＋動詞の過去分詞形〉で「～される，～されている」という意味を表す。「～によって」は，by ～を使って表す。

・This card was printed in 1843.　[このカードは1843年に印刷されました。]
　(was: be動詞　printed: printの過去分詞形)

・This card was sent by Henry Cole.　[このカードはヘンリー・コールによって送られました。]

❷ [受け身の文の疑問文と否定文]

①受け身の疑問文は，be動詞を主語の前に置いて作る。答えるときもbe動詞を使う。疑問詞(Where, Whenなど)は，文頭に置く。

・Was this photo taken in Osaka? ── Yes, it was. / No, it wasn't.
[この写真は大阪で撮られたのですか。── はい，そうです。／いいえ，違います。]

・Where was this photo taken?　[この写真はどこで撮られたのですか。]

②受け身の否定文は，be動詞のあとにnotを置いて作る。

・This photo was not taken in Osaka.　[この写真は大阪で撮られませんでした。]

❸ [助動詞(should, can, willなど)を使った受け身の文]

〈be動詞＋動詞の過去分詞形〉の前に，助動詞(should, can, willなど)を置き，「～されるべきだ」「～されることができる[可能だ]」「～されるだろう」などの意味を表す。助動詞のあとのbe動詞は，常にbeの形で使う。

・Money should be spent wisely.　[お金は賢明(けんめい)に使われるべきです。]

Step 2 予想問題　Lesson 7　The Gift of Giving ~ Project 2

30分 (1ページ10分)

❶ ①～⑧は単語の意味を書き，⑨～㉔は日本語を英語になおしなさい。

□ ① charity (　　　)　□ ② participation (　　　)
□ ③ wisely (　　　)　□ ④ throughout (　　　)
□ ⑤ disaster (　　　)　□ ⑥ occur (　　　)
□ ⑦ donate (　　　)　□ ⑧ experiment (　　　)
□ ⑨ 贈(おく)り物 ＿＿＿＿　□ ⑩ ～を印刷する ＿＿＿＿
□ ⑪ 中間 ＿＿＿＿　□ ⑫ ～を支援(しえん)する ＿＿＿＿
□ ⑬ 料金 ＿＿＿＿　□ ⑭ ランナー ＿＿＿＿
□ ⑮ お金 ＿＿＿＿　□ ⑯ (金)を使う ＿＿＿＿
□ ⑰ 終わり，結末 ＿＿＿＿　□ ⑱ ～を集める ＿＿＿＿
□ ⑲ ドル ＿＿＿＿　□ ⑳ 結果 ＿＿＿＿
□ ㉑ それら自身，彼(女)ら自身 ＿＿＿＿　□ ㉒ 以前に ＿＿＿＿
□ ㉓ ほかの[に] ＿＿＿＿　□ ㉔ だれでも ＿＿＿＿

ヒント
❶
①カタカナ語。
㉑「それ[彼(女)]自身」という語の複数形。
㉒afterと反対の意味をもつ語。

❷ 下線部の発音が同じなら○を，異なるなら×を書きなさい。

□ ① di<u>s</u>aster — <u>z</u>oo (　　)　□ ② d<u>o</u>llar — b<u>o</u>y (　　)　□ ③ f<u>ee</u> — dr<u>ea</u>m (　　)

❷
② ミスに注意
dollarはカタカナ語の発音とはかなり異なるので注意。

❸ 次の動詞の過去形と過去分詞形を書きなさい。

	過去形	過去分詞形
□ ① do		
□ ② hold		
□ ③ make		
□ ④ read		
□ ⑤ send		
□ ⑥ spend		
□ ⑦ take		
□ ⑧ write		

❸
不規則動詞の過去形・過去分詞形を覚えるには，hold – held – heldのように何度も声に出して発音するのが最も効果的だよ！

Lesson 7 ~ Project 2

[解答▶p.13]

❹ 日本語に合う英文になるように，____に適切な語を書きなさい。

□ ❶ 私たちはお互いによく知っています。
We know ______ ______ well.

点UP □ ❷ あなたは私たちのレストランで寿司だけでなくラーメンも楽しめます。
You can enjoy ______ ______ sushi but ramen in our restaurant.

□ ❸ ボランティアの人たちは，困っている人々に食料を届けました。
The volunteers ______ food to people ______ ______.

ヒント

❹
❶「お互いに」という意味の熟語。
❷「～だけでなく…も」という意味の慣用表現。

❺ 次の____に適切な語を下から選んで書きなさい。ただし，同じ語を２度使うことはできません。

□ ❶ The Internet is used all ______ the world.

□ ❷ There is a tall building ______ the middle of our city.

□ ❸ The festival is held ______ the end of summer.

□ ❹ Saki spent a lot of money ______ comic books.

on	over	at	in

❺
❶「世界中で」
❷「～の中央に」
❸「～の最後に」
❹「～にお金を使う」

❻ 次の文を(　)内の指示にしたがって書きかえなさい。

点UP □ ❶ Many people visit Nara.（下線部を主語にした受け身の文に）

______

□ ❷ The students were asked some questions.（疑問文に）

______

点UP □ ❸ The festival was held in Kyoto.（下線部をたずねる疑問文に）

______

□ ❹ This experiment was done last year.（下線部をたずねる疑問文に）

______

□ ❺ Ben will send the letter to France tomorrow.
（下線部を主語にした受け身の文に）

______

❻
❷疑問文ではsomeの代わりに何を使うか考えよう。
❸「どこで」を意味する疑問詞を使う。
❹「いつ」を意味する疑問詞を使う。
❺時を表す語であるtomorrowは文末にくる。

助動詞のあとのbe動詞は，常にbeの形で使うよ！

 ［解答▶p.13］

❼ 次の文が受け身の文になるように，(　)内の語を適切な形になおしなさい。さらに，日本語訳の(　)内を補いなさい。

□ ❶ This smartphone (sell) in many countries. ______
このスマートフォンは，(　　　　　　　　)います。

□ ❷ Is this song (sing) by the students? ______
この歌は，(　　　　　　　　)。

□ ❸ When was this book (write)? ______
この本は，(　　　　　　　　)。

□ ❹ These rooms can (use) only by guests. ______
これらの部屋は，客にだけ(　　　　　　　　)。

❽ 次の英文を日本語にしなさい。

□ ❶ Are these dolls made in France?
(　　　　　　　　)

□ ❷ Who was this picture painted by?
(　　　　　　　　)

□ ❸ This singer will be known to the world soon.
(　　　　　　　　)

❾ 日本語に合う英文になるように，(　)内の語句を並べかえなさい。

□ ❶ サリーはクラスのみんなに好かれています。
(liked / Sally / by / is / everyone) in her class.
______ in her class.

□ ❷ エネルギー資源は賢く使われるべきです。
(be / should / energy sources / used) wisely.
______ wisely.

□ ❸ これらのジャガイモはあなたの祖母からあなたに送られたのですか。
(were / sent / by / to / these potatoes / you) your grandmother?
______ your grandmother?

❿ 次の日本語を(　)内の語数で英語になおしなさい。

□ ❶ この写真はあなたの友だちによって撮られたのですか。(7語)
______

□ ❷ 私の自転車は日本製です。(6語)
______

ヒント

❼ ミスに注意
❶日本語訳から，現在形であることを理解する。
❹canという助動詞があることに注意。

❽
❷行為者を「だれによって？」とたずねる疑問文。

by「～によって」が文末にきているが，これはBy whoと文頭にもってくることも可能なんだよ！

❾
❸send to ～「～に送る」の表現を使った疑問文。

❿
❷「～製」とは，つまり「～で作られている」という意味。

Step 3 予想テスト Lesson 7 The Gift of Giving ~ Project 2

30分　/100点　目標 80点

1 日本語に合う英文になるように，＿＿に適切な語を書きなさい。知　25点(各完答5点)

❶ 慈善のために走ることでそのランナーは多くのお金を集めました。
That ＿＿ ＿＿ a lot of ＿＿ through running for charity.

❷ ここからは美しい星が1年を通して見られます。
Beautiful stars can ＿＿ ＿＿ from here ＿＿ the year.

❸ いくつかのテスト結果は今週末までに送られるでしょう。
Some test ＿＿ will ＿＿ ＿＿ by the ＿＿ of this week.

❹ このパソコンは私だけでなく，私の姉にも使われています。
This PC ＿＿ used ＿＿ ＿＿ by me ＿＿ by my sister.

❺ このレストランは新鮮な魚料理で有名です。それは海のそばに位置しています。
This restaurant is ＿＿ ＿＿ its fresh fish dishes. It's ＿＿ by the sea.

2 日本語に合う英文になるように，(　)内の語句を並べかえなさい。知　15点(各5点)

❶ 衣服は困っている人々に寄付されました。
The clothes (to / in / donated / people / need / were).

❷ その靴(くつ)はどこで売られていましたか。 (those / where / sold / shoes / were)?

❸ このイベントはたくさんの人々によって支援(しえん)されるべきです。
This event (supported / many / be / by / should / people).

3 次の対話文について，(　)に入れるのに最も適切な文の記号を書きなさい。知　12点(各6点)

❶ *Woman:* When will the basketball game be held?
Man: (　　)
㋐ I'll join it.　㋑ In the middle of this month.
㋒ At our school.　㋓ Yes, of course.

❷ *Man:* Can I take out these newspapers?
Woman: (　　) Only books can be taken out of the library.
㋐ You are right.　㋑ Go for it.　㋒ I'm sorry.　㋓ I'm not sure.

4 次の文を読んで，あとの問いに答えなさい。知 表　32点

In 2011 an American professor did an experiment. He gave students five dollars each. They had to spend the money by 5:00 p.m. that day. ①Each student (　　) (　　) that night and (　　) two questions. "How did you spend the money?" "How happy do you feel now?" The ②(　　) were surprising. When they spent the money on ③(themselves / someone else), the students ④(　　) as happy as before. But when the money was spent on ⑤(themselves / someone else), the students ⑥(　　) much happier.

By giving we can become happier, and ⑦giving can be done by anyone.

❶ 下線部①が「それぞれの生徒がその晩，呼ばれて２つの質問をされました。」の意味になるように，(　)に入る適切な語を書きなさい。 **(完答7点)**

❷ 下線部②に，「結果」という意味の英語を適切な形にして書きなさい。 **(5点)**

❸ 下線部③⑤の(　)内から，本文に合うように適切な語(句)をそれぞれ選びなさい。 **(各5点)**

❹ 下線部④⑥に共通して入る動詞feelを適切な形にしなさい。 **(4点)**

❺ 下線部⑦を日本語になおしなさい。 **(6点)**

❺ 次の日本語を(　)内の指示にしたがって英文にしなさい。表 **16点(各8点)**

❶ このメールはカナによって書かれたものですか。(emailとbyを使って６語で)

❷ 来週，彼女の誕生日会が開かれます。(birthday partyを使って８語で)

❶	❶				
	❷				
	❸				
	❹				
	❺				
❷	❶				
	❷				
	❸				
❸	❶	❷			
❹	❶			❷	
	❸ ③	⑤			
	❹	❺			
❺	❶				
	❷				

Step 2 予想問題 Reading ② Stone Soup

10分

❶ ①〜④は単語の意味を書き，⑤〜⑭は日本語を英語になおしなさい。

□ ① soldier (　　　)　□ ② villager (　　　)
□ ③ pepper (　　　)　□ ④ hide (　　　)
□ ⑤ 戦争 ______　□ ⑥ 私たち自身 ______
□ ⑦ いっしょに ______　□ ⑧ 大きな ______
□ ⑨ 〜をいっぱいに満たす ______　□ ⑩ 〜を温める ______
□ ⑪ 塩 ______　□ ⑫ 〜の味がする ______
□ ⑬ 夜の12時，真夜中 ______　□ ⑭ 今夜 ______

❷ 日本語に合う英文になるように，____に適切な語を書きなさい。

□ ① ベンは家に帰る途中でサリーに会いました。
Ben met Sally on ______ ______ home.

□ ② 彼女は私の助けを求めました。
She ______ ______ my help.

□ ③ このスープはすばらしい味ですね。でも少しトマトを入れると，よりいっそうよくなるでしょう。
This soup ______ great. But it ______ be even ______ with some tomatoes.

点UP □ ④ 彼はびんを水で満たしました。
He ______ the bottle ______ water.

❸ 次の動詞の過去形を書きなさい。

□ ① drink ______　□ ② hide ______
□ ③ know ______　□ ④ sing ______

❹ 次の____に適切な語を下から選んで書きなさい。ただし，同じ語を２度使うことはできません。

□ ① I'm afraid ______ dogs.
□ ② Someone called ______ my name.
□ ③ My mother heated ______ the soup for me.
□ ④ I gave food to one fish ______ another.

after	up	of	out

ヒント

❶
①②単語の語尾に -er がつくと「人」の意味を表すことが多い。
④他動詞。
⑥「〜自身」の部分は複数形になる。
⑧ l で始まる。
⑩ h で始まる。

❷
①「帰る途中」は「だれの」帰る途中かによって on のあとの語が変わる。
③ ミスに注意 主語の soup は三人称単数であることに注意。「よりいっそうよく」は good の比較級で表す。「〜でしょう」は，未来の予測を表す助動詞を使う。

❸
過去形は，動詞の原形に ed や d をつける規則動詞と，形が不規則に変化する不規則動詞があるよ。❸は全部，不規則動詞だね。

❹
①「〜を恐れる」
②「叫ぶ」
③「〜を温める」
④「〜次々に」

Step 3 予想テスト Reading ② Stone Soup

15分 /100点 目標 80点

次の文を読んで，あとの問いに答えなさい。知 表　100点

Three soldiers walked into a village. They were ①(home / on / way / from / their) the wars. They were tired and very hungry, but ②the villagers were afraid of strangers.

The villagers said, "Soldiers are always hungry. We have little enough for ourselves." They ③(hide) all their food.

④The soldiers stopped at (　　) house (　　) (　　) and asked for food, but the villagers' answer was always the same. They all said, "We don't have any ⑤(　　)."

❶ 下線部①の(　)内の語句を正しく並べかえなさい。 (15点)

❷ 村人たちが下線部②のように思った理由を日本語で答えなさい。 (15点)

❸ 下線部③の語を正しい形に直しなさい。 (10点)

❹ 下線部④が「兵士たちは家に次々と立ち寄りました」の意味になるように，(　)に入る適切な語を書きなさい。 (完答10点)

❺ 下線部⑤の(　)に入る適切な語を書きなさい。 (10点)

❻ 本文の内容に合っていれば○を，間違っていれば×を書きなさい。 (各10点)

ⓐ 兵士たちはとても空腹であった。　ⓑ 兵士たちと村人たちは知り合いだった。

ⓒ 村人たちは兵士を恐れていた。　ⓓ 村人たちはみな兵士に同情した。

❶			
❷			
❸	❹		
❺			
❻ ⓐ	ⓑ	ⓒ	ⓓ

成績評価の観点　知…言語や文化についての知識・技能　表…外国語表現の能力

[解答▶p.15]

教科書 pp.95-104

Step 1 基本チェック　Lesson 8　*Rakugo* in English ~ Tips ⑥ for Reading

5分

赤シートを使って答えよう！

❶ [間接疑問文]

解答欄

□ ① 私は彼女がどこに住んでいるのかわかりません。
I don't know where [she] [lives].

□ ② あなたはお祭りがいつあるか知っていますか。
Do you know when the [festival] [is]?

❷ [動詞＋人＋how[whatなど]〜]

□ ① 私に京都でどこを訪れるべきか教えてください。
Please tell me [where] [I] [should] visit in Kyoto.

❸ [感嘆(かんたん)文]

□ ① なんて美しい景色だ！　[What] a beautiful sight!

□ ② なんて神秘的なんだ！　[How] mysterious!

POINT

❶ [間接疑問文]

文の中に疑問文が組み込まれるとき，その疑問文は肯定文の語順(主語＋動詞)になる。このような文を間接疑問文と言う。

When is your birthday?　[あなたの誕生日はいつですか。]

・I don't know when your birthday is.　[私はあなたの誕生日がいつか知りません。]

ただし，疑問詞が主語の場合は〈主語＋動詞〉の語順のまま。

Who wrote this letter?　[だれがこの手紙を書きましたか。]

・I know who wrote this letter.　[私はだれがこの手紙を書いたか知っています。]

❷ [動詞＋人＋how[whatなど]〜]

〈動詞＋人＋how[whatなど]〜〉の形で，「人にどのくらい[何が]〜なのか」を伝える。tell，askなどの動詞がよく使われる。

・Kenta told me how difficult the test was.
[ケンタは私にテストがどのくらい難しいかを教えてくれました。]

❸ [感嘆文]

驚きや感動などの強い感情を表す文。WhatまたはHowで始める。

①「形容詞＋名詞」を強めるときは〈what＋a[an]＋形容詞＋名詞！〉の形で，「なんて〜な…だ！」の意味を表す。

・What an easy job!　[なんて簡単な仕事だ！]

②「形容詞」を強めるときは〈how＋形容詞！〉の形で，「なんて〜なんだ！」の意味を表す。

・How nice!　[なんてすてきなんだ！]

Step 2 予想問題 Lesson 8 *Rakugo* in English ~ Tips ⑥ for Reading

30分 (1ページ10分)

❶ ❶～❽は単語の意味を書き，❾～⑱は日本語を英語になおしなさい。

□❶ perform (　　) □❷ guest (　　)
□❸ round (　　) □❹ tightrope (　　)
□❺ manager (　　) □❻ suit (　　)
□❼ lady (　　) □❽ gentleman (　　)
□❾ ～だろうかと思う ______ □❿ ～を紹介(しょうかい)する ______
□⓫ 外国の ______ □⓬ 奇妙(きみょう)な，不思議な ______
□⓭ 最近 ______ □⓮ 注目，注意 ______
□⓯ 集まる ______ □⓰ ～を示す，紹介する ______
□⓱ 野生の ______ □⓲ 戦う ______

❷ 下線部の発音が同じなら○を，異なるなら×を書きなさい。

□❶ guest — test (　　) □❷ round — country (　　)
□❸ suit — usually (　　) □❹ lady — cage (　　)

❸ (　)内に入れるのに最も適切な語を選び，記号で答えなさい。

□❶ The actor is (　　) a dance on the stage.
㋐ amazing ㋑ performing ㋒ spending ㋓ wondering

□❷ Mr. Brown made a great speech. Let's (　　) him a big hand!
㋐ lead ㋑ show ㋒ build ㋓ give

❹ 日本語に合う英文になるように，____に適切な語を書きなさい。

□❶ 私はこの建物がいつ建てられたのだろうかと思います。
I ______ ______ this building was built.

□❷ 私に今，何をすべきか教えてください。
Please tell me ______ I ______ do now.

□❸ ある日，私は父に医者になりたいと伝えました。
______ ______, I told my father I wanted to be a doctor.

□❹ お知らせいたします。もうすぐショーが始まります。
______, ______. The show will start soon.

ヒント

❶
❷❺❼はカタカナ語になっている語。
❻名詞。カタカナ語になっている。
❼と❽は，2つセットでよく使われる。
⓭rで始まる。
⓰pで始まる動詞。

❷
❸suitのiは発音しない。
❹ ミスに注意
ladyはカタカナ語の発音とは異なる。

❸
❷「大きな拍手(はくしゅ)を送る」の言い方。

❹
❶「～だろうかと思う」という意味の動詞と，「いつ」の意味の疑問詞。
❷「(私は)何をすべきか」はどう言うかを考える。
❸「ある日」。
❹場内アナウンスなどでよく使われる。直訳は「注意して(聞いて)ください」。

5 次の____に適切な語を下から選んで書きなさい。ただし，同じ語を2度使うことはできません。

□ ❶ Ken is putting ____________ his new T-shirt.

□ ❷ Don't go ____________ the cage because there is a tiger in it.

□ ❸ Mr. Sato is the manager ____________ this restaurant.

□ ❹ Let's walk ____________ the city.

into	on	around	of

6 次の文を示された語句に続けて，英文を完成させなさい。

得点UP □ ❶ When is your birthday?（あなたの誕生日はいつですか。）
I know when ______________________________.

□ ❷ How many cookies do we need?
（私たちはクッキーが何枚必要ですか。）
Tell me ______________________________.

□ ❸ Which team will win?（どのチームが勝つでしょうか。）
Guess ______________________________.

□ ❹ What kind of music does he like?
（彼はどんな種類の音楽が好きですか。）
Do you know ______________________________?

□ ❺ How exciting was the movie?
（その映画はどれくらいわくわくしましたか。）
Mary asked me ______________________________.

□ ❻ How much is this?（これはいくらですか。）
I want to know ______________________________.

7 日本語に合う英文になるように，____に適切な語を書きなさい。

□ ❶ なんてわくわくするサッカーの試合なんだろう！
____________ ____________ ____________ soccer game!

□ ❷ これが数学のテスト？　なんて難しいんだろう！
Is this the math test? ____________ ____________!

ヒント

❺
❶「～を着る」
❷「～に入る」
❸「～の経営者」
❹「～を歩き回る」

❻
間接疑問文は疑問詞のあとは〈主語＋動詞〉の語順になることに注意！

❸疑問詞が主語の場合は間接疑問文になっても語順は〈主語(疑問詞)＋動詞〉のまま。
❹ ミスに注意 間接疑問文に書きかえたあとの動詞likeの形に注意する。

❼
❶「わくわくする」の前につける冠詞に注意。
❷形容詞(難しい)を強める。

強める語(句)が「形容詞＋名詞」ならばwhat,「形容詞」ならばhowを使うよ。

ヒント

❽ 次の英文を日本語にしなさい。

□ ❶ I know what animal Kumi likes.
( )

□ ❷ My father told me why he became a doctor.
( )

□ ❸ I'll ask my teacher how I should study for the test.
( )

□ ❹ Please tell me when you will visit us.
( )

❽
❷why「なぜ」
❸should「～すべき」

❾ 日本語に合う英文になるように，( )内の語句を並べかえなさい。

□ ❶ あなたは，あの少年がだれか知っていますか。
(you / do / who / boy / know / is / that)?
______________________________?

□ ❷ 彼女は私が日曜日にどこへ行くつもりかたずねました。
She (me / was / I / where / asked / going) on Sunday.
She ______________________________ on Sunday.

□ ❸ 何て美しいお城でしょう！
(beautiful / a / what / castle)!
______________________________!

□ ❹ マサオは私に北海道がどのくらい寒いか教えてくれました。
Masao (cold / told / Hokkaido / how / me / was).
Masao ______________________________.

❾
❶この疑問詞whoは疑問文の中の主語ではないよ！「あの少年はだれですか」という疑問文の「だれ」の部分の疑問詞だよ！

❷「どこへ行くつもりか」の語順に注意。
❹「どのくらい寒いか」の語順に注意。

Lesson 8 ~ Tips ⑥ for Reading

❿ 次の日本語を( )内の語を使って英語になおしなさい。

□ ❶ 私はだれがこの部屋を掃除したかを知っています。(this room)
____

□ ❷ なんて小さなイヌでしょう！ (little)
____

❿
❶文に組み込まれた疑問文の疑問詞が主語の場合は〈疑問詞＋動詞〉の語順。
❷形容詞＋名詞(小さなイヌ)を強める。

[解答▶p.16]

教科書 pp.95-104

Step 3 予想テスト

Lesson 8 *Rakugo* in English ～ Tips ⑥ for Reading

30分　/100点　目標 80点

❶ 日本語に合う英文になるように，____に適切な語を書きなさい。 知　25点（各完答5点）

❶ 司会者は音楽番組で人気の外国の歌手を紹介しました。
The MC ______ a popular ______ singer on the music show.

❷ 最近，野生のサルが食料を求めて私たちの村の中に入ってきました。
______, some ______ monkeys came into our village for food.

❸ お知らせいたします。今から，生徒たちがステージで劇を演じます。
______, please. Now, the students are going to ______ a play on the stage.

❹ なんて奇妙な話でしょう！　______ ______ ______ story!

❺ なんて簡単なんでしょう！　______ ______!

❷ 日本語に合う英文になるように，(　)内の語句を並べかえなさい。 知　18点（各6点）

❶ 映画がいつ始まるのか知っていますか。
Do you (movie / when / starts / the / know)?

❷ 私はこの神社がどのくらい古いのだろうかと思います。
I (old / how / this / shrine / wonder / is).

❸ 今日，学校であなたが何を学んだか私に教えてください。
Please (me / you / what / learned / tell) at school today.

❸ 次の対話文について(　)に入れるのに，最も適切なものの記号を書きなさい。 知　10点（各5点）

❶ *Girl:* It was so difficult to get the tickets* online. But I finally got two for us!
Boy: (　　) I also tried, but I couldn't even get one.　*ticket「チケット」
㋐ You should try again.　㋑ It was easy for me.　㋒ What a nice ticket!
㋓ How lucky!

❷ *Boy:* Let's (　　).
Girl: Yeah! It was a wonderful show.
㋐ help him together　㋑ ask when the show starts　㋒ buy tickets to the show
㋓ give him a big hand

❹ 次の文を読んで，あとの問いに答えなさい。 知 表　31点

Aya: Mr. Katsura Kaishi is coming to our school.
Bob: Really? He ①(　　) *rakugo* in English, right? ②(know / you / coming / when / do / he's)?
Aya: Next Monday. Did you know that he went to many countries ③(　　) *rakugo*?
Bob: I wonder ④(　　). ⑤More (for, than, of) that, I want to know ⑥(彼がどの落語を私たちに話すつもりなのか).

桂かい枝「動物園(The Zoo)」より

❶ 下線部①は「～を演じる」，③は「～を演じるために」の意味になるように，それぞれ「～を演じる」という英語を適切な形になおして書きなさい。ただし，１語とは限りません。 (各5点)

❷ 下線部②の(　)内の語句を正しく並べかえなさい。 (6点)

❸ 下線部④のwonderのあとにHow many countries did he visit? という英文を正しい形にして続けなさい。 (6点)

❹ 下線部⑤が「それ以上に」の意味になるように，(　)内から適切な語を選びなさい。 (3点)

❺ 下線部⑥を，whichを使って８語の英語になおしなさい。 (6点)

❺ 次の日本語を(　)内の指示にしたがって英文にしなさい。表 16点(各8点)

❶ 私はボブに彼がいつ日本に来たかたずねるつもりです。(askを使って９語で)

❷ 私の母は父がどんな食べ物を好きなのかを知っています。(foodを使って８語で)

❶	❶		
	❷		
	❸		
	❹		
	❺		
❷	❶		
	❷		
	❸		
❸	❶	❷	
❹	❶ ①	③	
	❷		
	❸		
	❹		
	❺		
❺	❶		
	❷		

教科書 pp.105-117

Step 1 基本チェック　Lesson 9　Gestures and Sign Language ~ Project 3

5分

赤シートを使って答えよう！

❶ [SVOC(目的語＋補語)の文]

解答欄

□ ① その歌は，私を悲しい気持ちにしました。
The song made [me] [sad].

□ ② 私たちは彼女をミキと呼んでいます。
We call [her] [Miki].

❷ [動詞＋人＋to＋動詞の原形]

□ ① 母は私にイヌを散歩させるよう頼みました。
My mother asked [me] [to] [walk] our dog.

□ ② 私はあなたに私たちのクラブに参加してほしいです。
I want [you] [to] [join] our club.

❸ [動詞(let, helpなど)＋人＋動詞の原形]

□ ① あなたのノートを私に見せてください。
[Let] me [see] your notebook.

□ ② 姉は私が部屋を掃除するのを手伝ってくれました。
My sister [helped] me [clean] my room.

❶ ________
❷ ________
❶ ________
❷ ________
❶ ________
❷ ________

POINT

❶ [SVOC(目的語＋補語)の文]

①意味の上では，O(目的語)＝C(補語)という関係になる。

②〈make＋人[もの]＋形容詞〉で「人[もの]を～な気持ち[状態]にする」という意味を表す。

・The news made me happy.　[そのニュースは私をうれしい気持ち[幸せ]にしました。]

③〈call＋人[もの]＋名詞(呼び名)〉で「人[もの]を～と呼ぶ」という意味を表す。

・My friends call me Kenta.　[私の友だちは私をケンタと呼びます。]

❷ [動詞＋人＋to＋動詞の原形]

①〈ask＋人＋to＋動詞の原形〉で，「人に～するように頼む」という意味を表す。

・Mother asked me to open the door.　[母は私にドアを開けるように頼みました。]

②〈want＋人＋to＋動詞の原形〉で「人に～してほしい」という意味を表す。

・I want you to play the piano.　[私はあなたにピアノを弾いてほしいです。]

❸ [動詞(let, helpなど)＋人＋動詞の原形]

❷と同様の形だが，letやhelpのあとでは「人」のあとの動詞にtoがつかず，「動詞の原形」のみになることに注意。ただし，helpのあとは〈to＋動詞の原形〉がくることもある。

①〈let＋人＋動詞の原形〉で「人が～するのを許す」という意味を表す。

・Let me talk about my winter vacation.　[私に冬休みについて話をさせてください。]

②〈help＋人＋動詞の原形〉で「人が～するのを手伝う」の意味を表す。

・Bob helped me do my English homework.　[ボブは私が英語の宿題をするのを手伝ってくれました。]

Step 2 予想問題

Lesson 9　Gestures and Sign Language ~ Project 3

30分
(1ページ10分)

❶ ❶～❽は単語の意味を書き，❾～㉑は日本語を英語になおしなさい。

ヒント

- □ ❶ sign language (　　　)
- □ ❷ email (　　　)
- □ ❸ tourist (　　　)
- □ ❹ meaning (　　　)
- □ ❺ wave (　　　)
- □ ❻ European (　　　)
- □ ❼ interpreter (　　　)
- □ ❽ expression (　　　)
- □ ❾ ジェスチャー ＿＿＿＿
- □ ❿ いとこ ＿＿＿＿
- □ ⓫ 最後の，最終の ＿＿＿＿
- □ ⓬ 地元の ＿＿＿＿
- □ ⓭ 平和 ＿＿＿＿
- □ ⓮ 注意深い，気をつける ＿＿＿＿
- □ ⓯ 役立つ ＿＿＿＿
- □ ⓰ コミュニケーションをとる ＿＿＿＿
- □ ⓱ 外国に[で] ＿＿＿＿
- □ ⓲ チケット，切符（きっぷ） ＿＿＿＿
- □ ⓳ ～を表現する ＿＿＿＿
- □ ⓴ 文化的な ＿＿＿＿
- □ ㉑ 私自身 ＿＿＿＿

❶
❸⓲カタカナ語にもなっている。
❸名詞。
❺動詞。
❻Europe「ヨーロッパ」の関連語。
⓬この英語はカタカナ語にもなっているが，英語では「地方の」という意味はなく，「地元の，その土地の」という意味しかない。
⓳expressionの関連語。

❷ 次の語で最も強く発音する部分の記号を書きなさい。

- □ ❶ in-sult-ing （ア イ ウ）　(　　)
- □ ❷ ex-pres-sion （ア イ ウ）　(　　)
- □ ❸ Eu-ro-pe-an （ア イ ウ エ）　(　　)
- □ ❹ in-ter-pret-er （ア イ ウ エ）　(　　)

❷ ミスに注意
❸のEuropeanなど，カタカナ語のアクセントの位置に特に注意。

❸ (　)内に入れるのに最も適切な語を選び，記号で答えなさい。

- □ ❶ Don't say such (　　) things. It's not nice.
  ㋐ collecting　㋑ fascinating　㋒ loving　㋓ insulting
- □ ❷ I want to learn many useful (　　) in English.
  ㋐ tools　㋑ expressions　㋒ efforts　㋓ periods

❸
❶2文目もしっかり読んでから判断する。
❷in Englishは「英語の」という意味。

Lesson 9 ~ Project 3

[解答▶p.17]

❹ 日本語に合う英文になるように，＿＿に適切な語を書きなさい。

□ ❶ レンはうれしそうに見えます。 Ren ＿＿＿＿ ＿＿＿＿.

□ ❷ こんにちは，サリー。変わったことはない？
Hi, Sally. ＿＿＿＿ new?

点UP □ ❸ 習慣は場所によって異なります。
Customs are ＿＿＿＿ ＿＿＿＿ place ＿＿＿＿ place.

□ ❹ 彼はネコに「あっちへ行って！」と言いました。
He said to the cat, "＿＿＿＿ ＿＿＿＿!"

❺ 次の＿＿に適切な語を下から選んで書きなさい。ただし，同じ語を２度使うことはできません。

□ ❶ My mother bought a jacket ＿＿＿＿ me.

□ ❷ I speak English ＿＿＿＿ a lot of gestures.

□ ❸ He cried ＿＿＿＿ a child.

□ ❹ Mio likes soccer. She knows a lot ＿＿＿＿ the players.

like	about	with	for

❻ 次の文を（　）内の指示にしたがって書きかえるとき，＿＿に適切な語を書きなさい。

点UP □ ❶ I was busy because of the homework.
（makeを適切な形で使って，ほぼ同じ内容の文に）
The homework ＿＿＿＿ ＿＿＿＿ ＿＿＿＿.

□ ❷ This castle's name is Osaka-jo. （callを使って，ほぼ同じ内容の文に）
We ＿＿＿＿ ＿＿＿＿ ＿＿＿＿ Osaka-jo.

□ ❸ I said to Miki, "Please help me." （「～するように頼んだ」という文に）
I asked Miki ＿＿＿＿ ＿＿＿＿ ＿＿＿＿.

□ ❹ Can I show you my photos? （letを使って，ほぼ同じ内容の文に）
＿＿＿＿ ＿＿＿＿ ＿＿＿＿ you my photos.

ヒント

❹
❶「～のように見える」という意味の動詞。
❷「変わったことはない？（＝何か変わったことはあった？）」の決まり文句。

❺
❶「～のために」
❷「～を使って」
❸「～のように」
❹「～について」

❻
SVOCの文ではO（目的語）＝C（補語）の関係になるよ！
❶「人を～の状態にする」を表す文を作る。時制に注意。
❷「ものを～と呼ぶ」を表す文を作る。
❹「人が～するのを許す」を表す文を作る。

 ［解答▶p.17］

7 日本語に合う英文になるように，＿＿に適切な語を書きなさい。

□ ❶ あなたは私にどの歌を歌ってほしいですか。
Which song do you ＿＿＿＿＿ me ＿＿＿＿＿
＿＿＿＿＿?

□ ❷ 妹は私がカレーを作るのを手伝いました。
My sister ＿＿＿＿＿ ＿＿＿＿＿ ＿＿＿＿＿ curry.

8 次の英文を日本語にしなさい。

□ ❶ It is important for children to learn cultural differences.
(　　　　　　　　　　　　　　　　　　)

□ ❷ We have two classes. One is math, and the other is music.
(　　　　　　　　　　　　　　　　　　)

□ ❸ She became interested in charity.
(　　　　　　　　　　　　　　　　　　)

9 日本語に合う英文になるように，(　)内の語句を並べかえなさい。

□ ❶ 体育の授業ですべての生徒が疲れました。
The P.E. class (tired / every / made / student).
The P.E. class ＿＿＿＿＿＿＿＿＿＿＿＿＿＿＿.

□ ❷ 私のクラスメートは私のことをメグと呼びます。
(call / Meg / me / my classmates).
＿＿＿＿＿＿＿＿＿＿＿＿＿＿＿＿＿＿＿＿.

□ ❸ 母は私に弟の世話をするように頼みました。
My mother (take / asked / to / care / me / of) my little brother.
My mother ＿＿＿＿＿＿＿＿＿＿＿＿ my little brother.

□ ❹ リズは私にアメリカにいる彼女を訪ねてほしいと思っています。
Liz (her / visit / to / wants / me) in America.
Liz ＿＿＿＿＿＿＿＿＿＿＿＿＿＿＿ in America.

10 次の日本語を(　)内の語数で英語になおしなさい。

□ ❶ その映画は私をうれしい気持ちにしました。(5語)
＿＿＿＿＿＿＿＿＿＿＿＿＿＿＿＿＿＿＿＿

□ ❷ 私に自分の家族について話させてください。(6語)
＿＿＿＿＿＿＿＿＿＿＿＿＿＿＿＿＿＿＿＿

ヒント

7
❶「人に～してほしい」を表す文を作る。
❷

8
❶ it は形式的な主語。〈to＋動詞の原形〉以下が本来の主語で「～することは」と訳す。
❸ charityはカタカナ語。

9
❶ 目的語はevery student。それを説明する補語はtired。every student = tiredという関係になっている。
❸ asked，❹ wantsのあとには「人」がくる。to以下に「頼んだこと」や，「してほしいこと」がくる。

10
❶〈目的語＋補語〉を含んだ文。

Step 3 予想テスト Lesson 9 Gestures and Sign Language ~ Project 3

30分 /100点 目標 80点

1 日本語に合う英文になるように，____に適切な語を書きなさい。知 25点（各完答5点）

1 私はいとこをタクと呼んでいます。 I ______ my ______ Taku.

2 日本の大衆文化について話すことは彼女をわくわくさせました。
Talking about Japanese pop ______ ______ ______ excited.

3 意見は人によって異なります。あなたは自分の意見を表現するべきです。
Opinions are ______ ______ person to person. You should ______ your opinions.

4 私は海外へ行くことが好きです。よく地元の人とジェスチャーを使ってコミュニケーションをとります。 I like going ______. I often ______ with ______ people with ______.

5 その旅行者はいくつかのヨーロッパの国々を訪ねるチケットを買いました。
The ______ bought a ______ to visit sereral ______ countries.

2 日本語に合う英文になるように，（　）内の語句を並べかえなさい。知 20点（各5点）

1 この本について私に話をさせてください。（ talk / me / this book / about / let ）.

2 そのニュースは多くの人を驚かせました。（ many / the news / people / made / surprised ）.

3 加藤先生は生徒たちに窓を開けるよう頼みました。
（ asked / open / Mr. Kato / to / the students ）the windows.

4 私はあなたに中国語を教えてもらいたいです。（ you / want / teach / to / I / me ）Chinese.

3 次の対話文について，（　）に入れるのに最も適切なものの記号を書きなさい。知 10点（各5点）

1 *Girl:* How was the speech contest?
Boy: （　　）I'm going to ask my father to celebrate with me.
㋐ I won!　㋑ I got it.　㋒ Not so good.　㋓ I'll go for it!

2 *Father:* We bought two gifts.
Mother: Yes.（　　）, and the other is for Emi.
㋐ Both are for Ken　㋑ One is for Ken　㋒ First is for Ken　㋓ It is for Ken

4 次の文を読んで，あとの問いに答えなさい。知 表 31点

Ms. King: Kenta, you ①(　　) happy. ②(　　)(　　)?
Kenta: This morning I got great news. ③(それは私をうれしい気持ちにしました。)
Ms. King: What was it?
Kenta: Look at this picture. My cousin Yuma sent me an email with this picture. He won the final match in a local tennis competition. He ④(　　) happy. He is making a peace sign.

Ms. King: ⑤(私たちはそれをVサインと呼びます。) But be careful. ⑥In my country, making a V sign like this boy on the right is an insulting gesture.

❶ 下線部①④がどちらも「～はうれしそうに見える」の意味になるように，それぞれ「～に見える」という英語を適切な形になおして書きなさい。 (各3点)

❷ 下線部②が「何か変わったことはない？」の意味になるように，(　)に入る適切な語を書きなさい。 (完答6点)

❸ 下線部③の(　)内の日本語を4語の英語になおしなさい。 (6点)

❹ 下線部⑤の(　)内の日本語を，a V signを使って6語の英語になおしなさい。 (6点)

❺ 下線部⑥を日本語になおしなさい。 (7点)

5 次の日本語を(　)内の語数で英文にしなさい。 表 **14点(各7点)**

❶ 私たちはそのネコをタマと呼びます。(5語)

❷ 私は彼にギターを弾いてもらいたいです。(7語)

1	❶					
	❷					
	❸					
	❹					
	❺					
2	❶					
	❷					
	❸					
	❹					
3	❶	❷				
4	❶ ①	④	❷			
	❸					
	❹					
	❺					
5	❶					
	❷					

Step 2 予想問題 Reading ③ The Gift of Tezuka Osamu

10分

❶ ❶～❿は単語の意味を書き，⓫～㉖は日本語を英語になおしなさい。

- □ ❶ talent ( )
- □ ❷ praise ( )
- □ ❸ World War II ( )
- □ ❹ cure ( )
- □ ❺ somehow ( )
- □ ❻ worry ( )
- □ ❼ bomb ( )
- □ ❽ effect ( )
- □ ❾ precious ( )
- □ ❿ positive ( )
- □ ⓫ 火，火災（かさい） ______
- □ ⓬ 生き延びる ______
- □ ⓭ ～に入る，入学する ______
- □ ⓮ 終わる ______
- □ ⓯ 心配する ______
- □ ⓰ ～なしに，～のない ______
- □ ⓱ 病気 ______
- □ ⓲ ～をつなぐ ______
- □ ⓳ 過去 ______
- □ ⓴ ～だけれども ______
- □ ㉑ 決断，決心 ______
- □ ㉒ 若い ______
- □ ㉓ 平均の ______
- □ ㉔ 年齢（ねんれい），年 ______
- □ ㉕ 影響 ______
- □ ㉖ ～を続ける ______

❷ 日本語に合う英文になるように，____に適切な語を書きなさい。

点UP

□ ❶ 私は学校と同様に家でも一生懸命に勉強をします。
I study hard at home as ______ ______ at school.

□ ❷ 彼は決断しなければならない。
He has ______ make a ______.

□ ❸ 私はあなたにもっと前向きになってほしいです。
I want ______ ______ be more positive.

❸ 次の____に適切な語を下から選んで書きなさい。ただし，同じ語を２度使うことはできません。

□ ❶ This comic book had a big effect ______ me.

□ ❷ I dream ______ becoming a pilot in the future.

□ ❸ Don't worry ______ the result of the test.

□ ❹ She went abroad ______ the age of 15.

at	of	on	about

ヒント

❶
❶日本語でよく使われている意味と異なるので注意。
❷❹❻動詞。
⓮eで始まる。
⓰wで始まる前置詞。
⓳反意語はfuture。
⓴aで始まる。
㉕iで始まる。

❷
❶「～と同様に」という表現。
❷makeの前は「～しなければならない」を表す２語の語句。

❸〈want＋人＋to＋動詞の原形〉で「人に～してほしい」という意味の表現になるよ！

❸
❶「～に影響を及（およ）ぼす」
❷「～を夢見る」
❸「～のことを心配する」
❹「～歳（さい）で」

Step 3 予想テスト Reading ③ The Gift of Tezuka Osamu

15分　/100点　目標 80点

次の文を読んで，あとの問いに答えなさい。知 表　100点

The war ended on August 15 that year. Tezuka was happy. ①He knew he did not have to worry about the bombs anymore. ②"I can draw (　) (　) comics (　) I like now!" he thought. ③(彼はマンガを描きたかった), but he still had his ④other dream. One day he asked his mother, "Should I be a doctor or a cartoonist?" She said, "⑤(you / want / do / really / to / what / be)?" Tezuka answered, "A cartoonist." "Then you should be ⑥one," his mother said to him.

❶ 下線部①を日本語になおしなさい。 (12点)

❷ 下線部②が「今はぼくが好きなだけたくさんのマンガが描ける！」の意味になるように，(　)に入る適切な語を書きなさい。 (完答10点)

❸ 下線部③を，5語の英語になおしなさい。 (15点)

❹ 下線部④は何を意味しますか。次の英文を完成させて答えなさい。 To be a (　). (5点)

❺ 下線部⑤が「あなたが本当になりたいのは何ですか」の意味になるように，(　)内の語句を正しく並べかえなさい。 (10点)

❻ 下線部⑥が指すものを，本文中の2語で答えなさい。 (8点)

❼ 本文の内容に合っていれば○を，間違っていれば×を書きなさい。 (各10点)

ⓐ 手塚の夢は，戦争が終わることであった。
ⓑ 手塚は母親に将来の相談をした。
ⓒ 手塚の母は彼に医者になることをすすめた。
ⓓ 手塚が本当になりたいものはマンガ家だった。

❶					
❷					
❸					
❹					
❺					
❻					
❼	ⓐ	ⓑ	ⓒ	ⓓ	

Reading ③

成績評価の観点　知…言語や文化についての知識・技能　表…外国語表現の能力

[解答▶p.19]

Step 2 予想問題 Further Reading Somebody Loves You, Mr. Hatch

10分

1 ❶〜❿は単語の意味を書き，⓫〜㉒は日本語を英語になおしなさい。

□ ❶ lunchtime (　　　) □ ❷ grocery store (　　　)
□ ❸ supper (　　　) □ ❹ package (　　　)
□ ❺ cafeteria (　　　) □ ❻ stand (　　　)
□ ❼ daughter (　　　) □ ❽ recall (　　　)
□ ❾ neighborhood (　　　) □ ❿ announce (　　　)
□ ⓫ だれか ______ □ ⓬ やせた ______
□ ⓭ 笑う ______ □ ⓮ 手渡す(てわた) ______
□ ⓯ (オーブンで)焼く ______ □ ⓰ 間違った ______
□ ⓱ 住所 ______ □ ⓲ だれも〜ない ______
□ ⓳ 日課 ______ □ ⓴ ささやく ______
□ ㉑ かわいそうな ______ □ ㉒ まぶしい ______

2 日本語に合う英文になるように，____に適切な語を書きなさい。

点UP
□ ❶ 競技場は人々でいっぱいでした。
The stadium was ______ ______ people.

□ ❷ 先生が教室に入ってきたとき，生徒たちは話すのを止めました。
The students stopped ______ ______ the teacher came into the classroom.

□ ❸ トムは，しばらく前に仕事で間違いをしました。
Tom ______ a mistake at work some ______ ______.

3 次の____に適切な語を下から選んで書きなさい。ただし，同じ語を2度使うことはできません。

□ ❶ I like chocolate most ______ all.
□ ❷ He offered ______ make dinner for us.
□ ❸ Our teacher passed ______ the tests.
□ ❹ The days went ______ quickly.

by	to	of	out

ヒント

1
❸ dinnerよりも軽い食事。
❻ 名詞。
❽ reは「再び」を意味する。「re再び(記憶を) call呼び起こす」という意味。
❿ 動詞。
⓫ 語末はbody。
⓬ 反意語はfat。
⓮ pで始まる。
⓱ ネット用語の「アドレス」という意味でも使われる。
㉑「貧しい」という意味もある。

2
❶「〜でいっぱいである」の意味の熟語。
❷ 動詞の-ing形を使う。

動詞の-ing形(動名詞)は「〜すること」の意味を表し，名詞としてはたらくよ。

3
❶「とりわけ」
❷「〜すると申し出る」
❸「〜を配る」
❹「経過する」

Step 3 予想テスト Further Reading Somebody Loves You, Mr. Hatch

15分 /100点 目標 80点

次の文を読んで，あとの問いに答えなさい。知 表　100点

At lunchtime on Monday Mr. Hatch sat in the middle of the cafeteria. He spoke to everyone and ①(　　)(　　) chocolates from his heart box.

②He started (　　)(　　) people, too. ③(　　) Mr. Smith at the newsstand didn't feel very well and ④(　　)(　　) go to the doctor, ⑤Mr. Hatch offered to watch the stand for him. ⑥(　　) the grocer Mr. Todd was worried about his daughter, Mr. Hatch went to look for her and brought her back.

After supper, Mr. Hatch baked brownies. ⑦(　　) people came around his house, ⑧(gave / brownies / them / he / and) lemonade.

❶ 下線部①が「～を配りました」の意味になるように，(　)に入る適切な語を書きなさい。 (完答10点)

❷ 下線部②が「彼は人々を助けることも始めました。」の意味になるように，(　)に入る適切な語を書きなさい。 (完答10点)

❸ 下線部③⑥⑦に共通して入る「～するときに」の意味の接続詞を書きなさい。 (8点)

❹ 下線部④が「医者に行かなければならなかった」の意味になるように，(　)に入る適切な語を書きなさい。 (完答10点)

❺ 下線部⑤を日本語になおしなさい。 (15点)

❻ 下線部⑧の(　)内の語句を正しく並べかえなさい。 (15点)

❼ 本文の内容に合っていれば○を，間違っていれば×を書きなさい。 (各8点)

ⓐ 昼食時にはみんながハッチさんに話しかけた。

ⓑ ハッチさんはトッドさんの娘のことを心配していた。

ⓒ ハッチさんはトッドさんの娘を探して連れて帰った。

ⓓ ハッチさんは夕食のためにブラウニーを焼いた。

❶		❷	
❸		❹	
❺			
❻			
❼ ⓐ	ⓑ	ⓒ	ⓓ

Further Reading

成績評価の観点　知…言語や文化についての知識・技能　表…外国語表現の能力

[解答▶p.20]

テスト前 ☑ やることチェック表

① まずはテストの目標をたてよう。頑張ったら達成できそうなちょっと上のレベルを目指そう。
② 次にやることを書こう（「ズバリ英語〇ページ，数学〇ページ」など）。
③ やり終えたら□に✓を入れよう。
最初に完ぺきな計画をたてる必要はなく，まずは数日分の計画をつくって，
その後追加・修正していっても良いね。

目標

	日付	やること1	やること2
2週間前	／	□	□
	／	□	□
	／	□	□
	／	□	□
	／	□	□
	／	□	□
	／	□	□
1週間前	／	□	□
	／	□	□
	／	□	□
	／	□	□
	／	□	□
	／	□	□
	／	□	□
テスト期間	／	□	□
	／	□	□
	／	□	□
	／	□	□
	／	□	□

キリトリ線

QRコードのページに登録すると，「ぴたリンク」からも表をダウンロードできるよ

テスト前 ☑ やることチェック表

① まずはテストの目標をたてよう。頑張ったら達成できそうなちょっと上のレベルを目指そう。
② 次にやることを書こう（「ズバリ英語○ページ，数学○ページ」など）。
③ やり終えたら□に✔を入れよう。
最初に完ぺきな計画をたてる必要はなく，まずは数日分の計画をつくって，
その後追加・修正していっても良いね。

目標

	日付	やること1	やること2
2週間前	／	□	□
	／	□	□
	／	□	□
	／	□	□
	／	□	□
	／	□	□
	／	□	□
1週間前	／	□	□
	／	□	□
	／	□	□
	／	□	□
	／	□	□
	／	□	□
	／	□	□
テスト期間	／	□	□
	／	□	□
	／	□	□
	／	□	□
	／	□	□

QRコードのページに登録すると，「ぴたリンク」からも表をダウンロードできるよ

教育出版版 英語2年 ワンワールド | 定期テスト ズバリよくでる | 解答集

Review Lesson

p.3 Step 3

❶ 1 guide, on the[our] way
2 view, impressive 3 famous for, stone

❷ 1 There is a birthday party (tomorrow.) (So) I have to make a cake(.)
2 It will be rainy this afternoon(.) (You) must take an umbrella (with you.)

❸ 1 going 2 will
3 There are so many islands in the sea(.)
4 ⑤through ⑥second 5 is

考え方

❶ 1 on the[one's] way to ～で「～に行く途中で」。
2「景色」はview,「みごと(な)」はimpressive。
3「～で有名である」はbe famous for ～で表す。

❷ 1 There is ～「～があります」を用いて表す。「～しなければならない」はhave to ～で表す。
2「雨が降るでしょう。」は，天候を表す際のItを主語にして，It will be rainyとし，「今日の午後」this afternoonを続ける。「傘を持って行かないといけませんよ。」は，助動詞must「～しなければならない」を動詞の前に置く。

❸ 1 今後の予定を述べるときは〈be動詞＋going to＋動詞の原形〉で表す。
2「～するでしょう，～するつもりです」は，willで表す。
3 語群中にthereがあることに注目する。〈There are＋主語(so many islands)〉を先に作り，あとにin the seaを続ける。
4「～を通り抜けて」はthrough,「2番目(の)」はsecond。
5 thereで始まり，空所のあとに単数名詞が続いているので，be動詞はisになる。

Lesson 1

pp.5-6 Step 2

❶ 1 介助犬 2 目の不自由な 3 障害物
4 1000(の) 5 耳が聞こえない 6 ～を導く
7 wear 8 send 9 message 10 owner
11 however 12 need 13 training 14 effort
15 man 16 notice

❷ 1 ○ 2 ×

❸ 1 ア 2 ウ

❹ 1 What is, for 2 takes time, effort
3 for some time 4 at work

❺ 1 about 2 to 3 of

❻ 1 My mother bought me new shoes.
2 I hope that I can speak English well.
3 I don't think Sally likes math.

❼ 1 あなたによい知らせを伝えられてうれしいです[うれしく思います]。
2 あなたが私たちのパーティーに来なかったのは残念です。

❽ 1 (Lisa) gave her sister a guitar(.)
2 (I'm) sure I can go to France (next summer.)

❾ 1 I think he knows my brother.
2 Please send me a letter.

考え方

❶ 1 service dogのserviceは「勤労」の意味。
6 lead ～ to ...で「～を…に導く」と覚えよう。

❷ 1 ともに「ウー」[u:]と発音する。-ghは発音しない。 2 [i:]と[e]で発音が異なる。

❸ 1「2番目の角を左に曲がってください。」
2 overのあとに数字を続けると，その数字「以上」の意味になる。

❹ 1「何のため」という場合は，whatで文を始めて文末にforを置く。
2「(時間・労力・勇気など)を必要とする」の

意味ではtakeを使う。

3 期間を表す前置詞forに some time「しばらく」を続ける。

4 at work「仕事中で(＝働いている)」。

❺ 1 know about ～「～について知っている」。puppy walkerとは盲導犬候補の子犬を約10か月間育てるボランティアを言う。

2「人を場所に導く」は，〈lead＋人＋to＋場所〉という語順になる。

3 What kind of ～?は「どんな種類の～？」という疑問文。

❻ 1 5語の問題文にme「私に」を入れて6語にするには，〈buy＋人＋もの〉という語順にする。

2 I hope thatのあとに問題の文を続ける。

3 I don't thinkのあとに問題の文を続ける。6語にするにはthatを省略する。

❼ 1 I'm glad that ～で「～してうれしい」を表す。

2 この場合のI'm sorry that ～は「～して残念です」という意味。

❽ 1 動詞はgave。そのあとは〈人＋もの〉の順番で，her sister a guitarと並べる。

2 I'm sure that ～のthatを省略した文。I'm sureにI can go to France「私はフランスに行くことができる」を続ける。

❾ 1「私は～と思います」I thinkで始めて，he knows my brother「彼は私の弟を知っている」という1文を続ける。6語という指示なのでthatは省略する。

2「～してください」は命令文。まず，Please sendで始めて，〈人＋もの〉の順番でme a letterと続ける。

pp.7-8 Step 3

❶ 1 sent, message 2 took time
3 for some time

❷ 1 (Did) your teacher give you homework(?)
2 (I) know that Mr. Smith is at work(.)
3 (Kana was) happy that she was able to win (the chorus contest.)

❸ 1 エ 2 ウ

❹ 1 takes 2 another 3 hope that
4 guide dogs
5 don't think many people know

❺ 1 I think I need a[one] new notebook.
2 I'm sorry I can't play basketball with you.

考え方

❶ 1 動詞sendのあとは〈人＋もの〉という語順になる。「もの」を先にすると〈もの＋to＋人〉の形になる。sentと過去形にすることに注意。

2「時間をかけて」はtake timeで表す。過去の話なのでtookとする。

3「しばらくの間」はfor some time。

❷ 1 Didのあとは〈主語＋動詞＋人＋もの〉の語順。

2 まずI know that ～で始めて，「スミス先生が仕事中である」という1文を続ける。「仕事中で」はat workで表す。

3 Kana was happy thatのあとに「彼女は合唱コンクールに入賞できた」という文を続ける。

❸ 1「どのくらい長く」とたずねる場合はHow long ～で表す。

2 少女の発言に少年は「あなたがそれを気に入ってくれてうれしい。」と答えているので，空所には「本当によかった」が入る。deliciousは「レストランそのもの」がおいしかったという意味になるので誤り。

❹ 1「(時間・努力)を必要とする」は動詞takeで表す。

2 後ろに単数のyearを続けるのに適切なのは「もう1年」という意味になるanotherのみ。

3「～ということを望みます」はI hope (that) ～で表す。

4「目の不自由な人が持つことができる」ものを，本文の「話題」を考えて選ぶ。

5「私は思いません」I don't thinkを先に作る。次に語群の後ろのaboutに着目しknow aboutとなるように，many people knowと並べる。

❺ 1 文の骨格になるI think「私は思う」を先に作り，that節の内容を続ける。thatは省略。

2 文の骨格になるI'm sorryを先に作り，that節の内容を続ける。thatは省略。

Lesson 2

pp.10-11 Step 2

❶ 1 おびえた　2 電気　3 まさにそのとおりです
4 化石燃料　5 ～を汚染(おせん)する　6 空気
7 永遠に　8 風　9 kitchen　10 fix　11 hour
12 light　13 accident　14 everyday　15 most
16 last　17 pollution　18 expensive
19 weather　20 opinion　21 more　20 less
❷ 1 ア
❸ 1 ウ　2 ア　3 イ
❹ 1 at all　2 for sure　3 In my opinion
❺ 1 into　2 around　3 too
❻ 1 What was she doing then?
2 I am sleepy because I went to bed late last night.[Because I went to bed late last night, I am sleepy.]
❼ 1 if, is　2 was reading, when
❽ 1 (My father) was using a computer when a power outage happened(.)
2 (Let's) make lunch together if she comes(.)
❾ 1 I was eating[having] breakfast at seven in the morning.
2 She can speak Chinese because her father is[comes] from China.

考え方

❶ 1 形容詞。 7 副詞。 11「1時間」とあるので，time「時間」にしない。
❷ 1 イ，ウは2番目の部分を強く発音する。renewableは第2音節の部分を強く発音する。
❸ 1「何がその事故を引き起こしましたか。」
2「エネルギー源」の意味になるようにsourceを選ぶ。
3「再生可能エネルギー」という意味になるようにRenewableを選ぶ。
❹ 1 not (tired) at allで「全然(疲(つか)れてい)ない」という意味。
2「確実に」を2語で表すとfor sureとなる。
3「私の考えでは」を3語で表すとin my opinionとなる。opinionは「意見」という意味。
❺ 1 into ～は「～の中へ」の意味。
2 around eightは「8時ごろ」。
3 too expensiveで「高すぎる」の意味。
❻ 1 Whatで始めて「そのとき彼女は何をしていましたか。」という文にする。
2 I am sleepy.の理由がI went to bed late last night.になる。「私は昨夜遅(おそ)く寝たので，今眠(ねむ)いです。」
❼ 1「もし今度の日曜日，晴れたら」はif it is sunny next Sundayとなる。if it will be sunnyとしない。
2「本を読んでいました」はwas readingと過去進行形にし，「～とき」はwhenを使う。
❽ 1「を使っていました」はwas usingと過去進行形で表現する。
2「もし彼女が来たら」は条件を表すのでif she comesと現在形にすることに注意。
❾ 1「朝食を食べていました」は過去進行形で表す。「朝の7時に」はat seven in the morning。
2 her father is[comes] from Chinaとshe can speak Chineseという2つの文をbecause「～なので」を使ってつなぐ。

pp.12-13 Step 3

❶ 1 When, was studying
2 fix, because, too expensive
3 If, less, for　4 were playing, such as
5 looked, when
❷ 1 I'll give you this book if you want(.)
2 (I) stayed at home because I was sick(.)
❸ 1 エ　2 エ
❹ 1 When it happened, I was doing
2 ② were, doing / **あなたはそのとき，何をしていましたか。** ③ was helping　3 for sure
❺ 1 I didn't play the piano because my brother was sleeping.[Because my brother was sleeping, I didn't play the piano.]
2 If it's[it is] rainy tomorrow, I will study at home.

考え方

❶ 1「～したとき」はWhen,「勉強していました」はwas studyingと過去進行形にする。

2「修理する」はfix。「～(な)ので」は接続詞becauseで表す。

3「もし」はIf,「より少なく食べる」はeat lessと表す。「～にとって」はforで表す。

4「～していました」は過去進行形。were playingとする。「～のような」はsuch as～。

5「～したとき」はwhenを使う。「～のように見える」は〈look＋形容詞〉を使って表す。

❷ 1 カンマがないので，ifは文頭にはこない。「あなたにこの本をあげましょう」の主語はI。

2 Iが文頭にあるので，「～(な)ので」の部分は後半にくる。「具合が悪かったので」はbecauseで始めてI was sickを続ける。

❸ 1 lessやmuchは数えられない名詞の量を表すときに使う。smallは主語にできない。アのanotherは三人称単数なのでsayの主語にはならない。エが正解。

2 質問がWere you reading ～?と過去進行形なので，答える際もbe動詞の過去形wasを使う。

❹ 1 whenとカンマがあるので，When it happened,で始める。次にI was doingをカンマのあとに続ける。

2 ②はbe動詞のareと動詞のdoがあることと過去の事がらであることから過去進行形were, doingとする。③も同様にwas helpingとする。質問が過去進行形なので，同じく過去進行形で答える。

3「確実に」という意味の2語の熟語はfor sure。

❺ 1 because「～(な)ので」を使って2つの文をつなぐ。カンマを使う場合はBecause my brother was sleepingが前にきて，使わない場合は，because以下は後ろにくる。

2「もし明日雨なら」はif it is rainy tomorrowとする。条件を述べるときは未来のことでも現在形で表す。「家で勉強します」はI will study at home。こちらは未来のことなのでwillをつける。

Lesson 3

pp.15-17 Step 2

❶ 1 デザイン 2 ペットボトル 3 客
4 容器，つぼ 5 型 6 道具 7 100万
8 針 9 (ごみなどの)処理 10 空(から)の
11 prefer 12 part 13 hold 14 company
15 improve 16 product 17 carry 18 heavy
19 women 20 impossible 21 something
22 point 23 special 24 useful 25 finger
26 mistake 27 understand

❷ 1 ア 2 イ 3 ウ

❸ 1 エ 2 イ 3 ウ 4 ア

❹ 1 Thanks to 2 thinks of 3 lift up
4 interested in

❺ 1 into 2 As 3 of 4 by

❻ 1 I want to eat sandwiches.
2 We try to save electricity.
3 Many people go to America to study English.
4 Do you have time to help me?

❼ 1 want to 2 to play 3 to see[watch]
4 to fix

❽ 1 私は歌手になりたいです。
2 アキは祖母と話すためにコンピューターを使います。
3 何か熱い飲み物をもらえますか。

❾ 1 (Some) people try to use renewable energy(.)
2 (Tom) came home early to study math(.)
3 (There) is an exhibition to show cars (next Sunday.)

❿ 1 I visited France to see[meet] my friend.
2 I want to read something interesting.

考え方

❶ 9 名詞。 10 形容詞。 11 同意語はlike。
16 動詞produceの名詞形。

❷ 1 最初の音節を強く発音する。カタカナ語の発音との違いに注意。

2 真ん中の音節を強く発音する。
3 -tionはその直前の音節を強く発音する。

❸ 1 buy「～を買う」の目的語になれるのはgoods「商品」だけ。
2「クッキーを中に入れる」ことができるものを考える。container「容器」が正解。
3「飲めない水」なので，dirty「汚い」が正解。
4「行く」ことができるものを考える。exhibition「展示」が正解。

❹ 1「～のおかげで」はthanks to ～と言う。thanksと-sがつく点に注意。
2「考えている」という意味の動詞はthinkだが，「～のことを」に相当するofが必要。
3「～を持ち上げる」はliftだけでもよいが，2語なので，「上方に」の意味のupを加える。
4「～(すること)に興味がある」はbe interested in ～で表す。

❺ 1「～を…にかえる」はchange ～ into ...。
2「ご存じのように」はas you know。
3「多数の～」はmillions of ～。millionが100万なので「何百万もの～」の意味でもある。
4「誤って」はby mistake。

❻ 1「～したい」は，〈want to＋動詞の原形(eat)〉。
2「～しようとする」は，〈try to＋動詞の原形(save)〉。
3「英語を勉強するために」はto study Englishとし，Americaのあとに続ける。
4「私を手伝う時間はありますか」という意味にする。timeのあとにto help meを続けて，後ろからtimeを説明する形にする。

❼ 1「買いたい」はwant to buy。
2「卓球をするために」はto play table tennis。
3「～を見る時間」はtime to see ～。
4「～を修理するための道具」を，a toolにto fix ～を続けて後ろから説明する形にする。

❽ 1 want to beは「～になりたい」という意味。
2 use a computerは「コンピューターを使う」，to talk with ～は「～と話すために」。
3 Can I have ～?で「～をもらえますか，いただけますか」。something hot to drinkは「飲むための熱い何か→何か熱い飲み物」。

❾ 英語の文は「主語＋動詞＋その他」が基本の形。
1 主語をSome peopleとする。「使おうとする」は，try to use。このあとにuseの目的語renewable energyを続ける。
2「早く帰宅しました」はcame home earlyとし，最後に「数学を勉強するために」を表すto study mathを置く。
3「展示会があります」をThere is an exhibitionとする。「車を見せるための」はexhibitionにto show carsを続けて，exhibitionを後ろから説明する形にする。

❿ 1「私はフランスを訪れた」をI visited Franceとし，次に「友だちに会うために」to see my friendを続ける。
2「私は読みたいです」をI want to readとし，「何かおもしろいもの」something interestingをあとに続ける。

pp.18-19 Step 3

❶ 1 to eat, prefer 2 Thanks to, to play
3 trying to fix
4 learned millions, to drink
5 want to, something special

❷ 1 (My brother) didn't have time to play baseball (with his friends.)
2 (She) is using a mop to clean the floor(.)

❸ 1 ウ 2 エ

❹ 1 to the City Hall to see 2 to show
3 change, into 4 As you know
5 millions of 6 clean water

❺ 1 Yoko doesn't have time to write her report.
2 I use this bag to carry my textbooks.

考え方

❶ 1 空所には「食べたい」(want) to eatと「～のほうが好きです」preferが入る。
2「～のおかげで」はThanks to ～。「将棋(しょうぎ)をすること」はto play *shogi*。
3「修理しようとしている」は(is) trying to

fixと進行形にする。

4 learnedのあとのthatが省略されている形。learnedの直後は主語「多数の人々」millions of peopleが続く。「飲むための」はto drinkで，後ろからwaterを説明する形。

5 「買いたい」はwant to buy。「何か特別なもの」はsomething specialとする。

❷ 1 「弟は時間がなかった」は(My brother) didn't have time。このあとに「野球をするための(時間)」(time) to play baseballを続ける。to以下がtimeを後ろから説明している形。

2 「彼女はモップを使っています」を先に(She) is using a mopとして，「床を掃除するために」to clean the floorをあとに続ける。

❸ 1 少女が最後に少年に「あなたの夢が実現するといいですね。」と言っているのに着目して，夢を語っているI want to be a scientist「ぼくは科学者になりたい」を選ぶ。

2 少女がたずねているのは「ネコとイヌではどちらが好きですか」である。好みを答えているI like cats.を選ぶ。

❹ 1 語群のあとにa special exhibitionがあるので，その直前にはseeがくる。wentのあとは「～へ行く」となるように〈to＋場所〉(to the City Hall)を続ける。最後に「～を見るために」のto seeを続ける。

2 「見せるための」はto show。

3 「～を…に変える」はchange ～ into …。

4 「ご存じのように」はas you know。

5 「多数の人々」はmillions of people。

6 「汚い水をきれいな水に変える」という話の続きなので，空所には「きれいな水」clean waterが入る。

❺ 1 まず「ヨウコには時間がない」をYoko doesn't have timeとまとめる。「～を書くための時間」はtime to write と，timeをto writeが後ろから説明する形にする。

2 文の骨格はI use this bag。「教科書を持ち運ぶために」はto carry my textbooks。

Reading ①

p.20 Step 2

❶ **1** **驚くべき** **2** **羽** **3** **ひな** **4** **絶食する** **5** **大きさ** **6** **古代の** **7** **～と考える** **8** **断食**(だんじき)
9 per 10 nothing 11 actually 12 until
13 while 14 once 15 giant 16 yet
17 almost 18 protect

❷ 1 must, to protect 2 about, feet tall
3 that

❸ 1 out 2 of 3 to 4 until

考え方

❶ 1 6 形容詞。

14 once upon a time「昔々」のような使い方もする。

❷ 1 「～しなければならない」はmust。「～を守るために」はto protectで表す。

2 「身長が～フィートある」はbe ～ feet tall。日本では身長をcmやmで表すが英語圏ではfeetを使う。「およそ」はabout。

3 know that ～で「～ということを知っている」の意味。that以下に知っている内容の文が入る。このthatはしばしば省略される。

❸ 1 figure out ～「～を解き明かす」。

2 stay out of ～「～の外にいる」。

3 for one to two weeksで「1～2週間の間」という意味。

4 untilで「～まで」の意味。untilのあとは文がくることもある。

p.21 Step 3

1 but 2 per hour 3 figure out 4 for

5 **自分たちの卵を温め，それらを守るため。**

6 ⓐ × ⓑ ○ ⓒ ○ ⓓ ×

考え方

1 「鳥である」と「飛べない」を結ぶ接続詞は逆接を表すbut。「鳥であるが飛べない」となる。

2 「1時間につき」はper hourまたはan hourだが，pで始めるので，per hourが正解。

3 「～を解き明かす」はfigure out ～。

4 ④は「(家族)のために」，⑥は「90日から120日の間」で，共通語はfor。

5 「オスの皇帝ペンギンが絶食する理由」は，この直後に続くto不定詞「～するために」以下で述べられている。

6 ⓐ 4文目で「とても暑い場所に住むペンギンもいる。」とあるので×。
ⓑ 6文目にペンギンの羽の色を研究している科学者のことが書かれているので○。
ⓒ 最後から3文目に絶食の話があるので○。
ⓓ 最後から2文目にオスの皇帝ペンギンが卵を温め，それらを守るために断食をすると書かれているので×。

Lesson 4

pp.23-25 Step 2

❶ 1 **仕事場** 2 **店主** 3 **～を包む** 4 **保育園** 5 **～を必要とする** 6 **棚**(たな) 7 **つらい，きつい** 8 **減る** 9 **速さ** 10 **雑誌** 11 report 12 experience 13 real 14 store 15 paper 16 care 17 children 18 number 19 still 20 necessary

❷ 1 ア 2 ア 3 イ

❸ 1 ア 2 イ

❹ 1 Even so 2 surprised at 3 used to

❺ 1 to 2 at 3 of 4 for 5 in

❻ 1 painting，**絵を描くこと**
2 listening，**音楽を聞くこと**
3 Eating，**朝食を食べること**
4 speaking，**英語を話すこと**

❼ 1 told, that, would 2 taught, reading
3 told, that, was

❽ 1 I enjoyed playing soccer.
2 I like swimming in the sea.
3 He told me that helping friends is important.

❾ 1 **私は発展途上国についてのレポートを書き終えました。**
2 **ジョンは私にコンピューターを買う予定であると言いました。**
3 **早起きをすることはあなたにとってよいです。**

❿ 1 My family enjoyed walking in (the park.)
2 Writing haiku is very interesting(.)
3 (She) taught her brother that studying (is important.)

⓫ 1 I enjoyed working at a[the] library.
2 I told my mother that I was going to cook[make] dinner.

考え方

❶ 3 5 8 動詞。 7 形容詞。 13 は形容詞でreal。 17 childの複数形はchildren。

❷ 1 は最初の音節， 2 は最初の音節， 3 は2番目の音節を強く発音する。

❸ 1 「日本の子どもの数は…」に続くのに最も適切なものはdecreasing「減っている」。
2 「この仕事は多くのエネルギーを…」という意味なのでrequire「～を必要とする」を入れるのが最も適切。

❹ 1 「たとえそうでも」は熟語でeven soと言う。
2 「～に驚く」はbe surprised at ～。
3 「昔～があった」はThere is[are] ～(～があります)と〈used to＋動詞の原形〉(かつて～だった)が合わさった形。

❺ 1 「～したい」はwould like to ～を使って表す。want to ～のていねいな言い方。I wouldはI'dと省略することができる。
2 「最初は」は熟語でat firstと言う。
3 「～の世話をする」はtake care of ～。
4 「がんばって」は決まり文句で，Go for it!。
5 「将来は」はin the futureと言う。

❻ 1 「～することが好きではない」は，〈don't like＋動詞の-ing形〉で表す。Jinは三人称単数なのでdoesn'tになっている。
2 「～することを楽しむ」は，〈enjoy＋動詞の-ing形〉で表す。
3 「食べる」という動詞を主語にするためにEating「食べること」とする。
4 「～することがじょうずである」は，〈be good at＋動詞の-ing形〉で表す。

❼ 1 「～ということを私に言った」はtold (me)

that ～とする。文全体が過去の話なので，that節の中のwillをwouldにする。

2 「私に教えた」はtaught meで，「本を読むこと」はreading (books)とする。「本を読むことは楽しい」は現在も変わらない事実なので，that節内の動詞は現在形のisになる。

3 「母に～ということを伝えた」はtold my mother that ～とする。「予定だ」は空所のあとがgoing to workとなっていて，伝えた時点が過去なのでwasにする。

❽ 1 「サッカーをすることを楽しんだ(過去形)」はenjoyed playing soccerとする。

2 「海で泳ぐことが好き」はlike swimming in the seaとなる。

3 「友だちを助けることは大切だ」はhelping friends is importantとする。また，このことは現在も変わらない事実なのでthat節内の動詞は現在形のisになる。

❾ 1 finished writingは「書き終えた」。a report about developing countriesは「発展途上国についてのレポート」。

2 he was going to buy a computerは「彼はコンピューターを買う予定だった」。

3 Getting up earlyは「早起きをすること」，good for youは「あなたにとってよい」。動詞の-ing形「～すること」は単数扱いなので動詞がisになることに注意。

❿ 1 My familyが主語で動詞はenjoyed。enjoyedのあとに楽しんだことであるwalkingを続ける。

2 「俳句を書くこと」はWriting haikuとする。これが主語になる。

3 「彼女は教えました」をShe taughtとし，あとは〈人＋事がら〉の順番にher brother＋that ～と続ける。

⓫ 1 「私は楽しみました」をI enjoyedとし，次に，「図書館で働くこと」working at a[the] libraryを続ける。

2 「私は伝えました」をI toldとし，あとは〈人＋事がら〉の順番にmy mother＋that ～と続ける。「伝えました」は過去のことなのでthat節内の「～するつもり」のbe going toはwas going toとする。

pp.26-27 Step 3

❶ 1 taking care of 2 Working, store[shop], at 3 like to, experience 4 Even so, playing 5 told, that, used

❷ 1 (Let's go shopping) after cleaning this room(.)

2 Working at a restaurant requires (a lot of energy.)

3 (This graph) tells us the number of fish (is decreasing.)

❸ 1 ウ 2 イ

❹ 1 Did you finish writing your report

2 Where 3 enjoyed, working 4 through

❺ 1 We enjoyed walking with children[kids].

2 Eating vegetables is good for our health.

3 My sister told me that she was sick.

考え方

❶ 1 「～の世話をすること」はtaking care of ～。

2 「店で働くこと」はworking at a store[shop]とする。「最初は」はat first。

3 「私は～したいです」はI'd like to ～とする。「職場体験をする」はhave one's workplace experience。

4 「たとえそうでも」はeven so。

5 「昔～があった」はthere used to be ～。

❷ 1 「この部屋の掃除をしたあと」は，afterを先にしてcleaning this roomを続ける。

2 「レストランで働くこと」Working at a restaurantを主語にし，そのあとに動詞requiresを続ける。動詞の-ing形は単数扱いなのでrequireに三人称単数現在のsがついている。

3 まず「このグラフは伝えている」を(This graph) tellsとし，次に〈人＋事がら〉の順番に並べる。thatが省略されている。

❸ 1 男性が女性に「何がよろしいですか。」と女性の希望を聞いているので，「お茶を1杯

いただきたいです。」が正しい応答。

2「かつて駅の近くにすてきなレストランがありました」に対して適切な応答はI often went there.「よくそこに行きました。」だけ。

❹ 1 まず，文全体が疑問文になることを確認し，Did youで始める。原形の動詞はfinishだけなのでfinish writing your reportと続ける。

2 キング先生の質問にアヤはAt a bookstore.と場所を答えている。Whereが正解。

3 文の後半にand I learnedとあるので，この文全体は過去形の文。「働くことを楽しんだ」となるようにenjoyed workingとする。

4「～を通して」は前置詞throughを使う。

❺ 1「～することを楽しんだ」は〈enjoyed＋動詞の-ing形〉。

2「野菜を食べること」はEating vegetables。「私たちの健康によい」はgood for our health。動詞がisになることに注意。

3 全体が過去形の文なので，My sister told meのあとはthat she was sickと過去形にする。

Lesson 5

pp.29-31 Step 2

❶ 1 ～を刻む 2 霊(れい)，精霊 3 死んでいる
4 邪悪(じゃあく)な 5 衣装 6 起源 7 教会
8 先祖 9 同じような 10 ～を歓迎する
11 celebrate 12 culture 13 cut 14 hole
15 top 16 each 17 outside 18 remember
19 return 20 custom

❷ 1 ア 2 イ 3 ア 4 ア

❸ 1 イ 2 ウ

❹ 1 takes place 2 keep, away
3 different from

❺ 1 out 2 of 3 By 4 on

❻ 1 how to 2 what to 3 It, for, to
4 when to 5 asked, what to

❼ 1 know what to say
2 taught me how to write

❽ 1 環境(かんきょう)問題について知ることは大切です。
2 その女性は私に市役所への行き方をたずねました。
3 私は彼のために何をすべきかわかりませんでした。

❾ 1 (I want to) learn how to grow vegetables(.)
2 It is difficult for him to understand (math.)
3 (Can you) teach me how to ride (a horse?)
4 (She) didn't know when to visit (her old teacher.)

❿ 1 It is easy for me to use a computer.
2 He didn't know what to eat for lunch.

考え方

❶ 3 dieの形容詞。死んでいる状態を表す。
4 9 形容詞。

❷ 1 2 2音節語は，名詞は前の音節，動詞は後ろの音節を強く発音するのが原則。
3 4 は最初の音節を強く発音する。

❸ 1「ケーキのろうそくに火をつけてください。」
2「種はゆっくりと花に変わりました。」

❹ 1「行われる」は熟語でtake place。確定した予定なのでwillはつけない。
2「～を遠ざける」はkeep ～ away。
3「～は…とは異なっている」は～ be different from ....。

❺ 1「～を取り出す」はtake out ～。
2「～を恐れる」はbe afraid of ～。
3「そうすることによって，…」はby doing so, ...。
4 日付，曜日にはonを用いる。時刻はatで，月，年，季節にはinを用いる。

❻ 1「スキーの仕方」は，how to skiで表す。
2「何を買うべきか」は，what to buyで表す。
3「人にとって～することは…である」は〈It is ...＋(for＋人＋)to＋動詞の原形〉で表す。
4「いつ始めればよいか」は，when to start。
5「何を持っていけばよいか」はwhat to take。

❼ 1 I didn't know「私はわからなかった」に「何を言うべきか」what to sayを続ける。
2「彼女は教えてくれた」をShe taughtとし，あとに〈人＋事がら〉の順番でme＋how to write (a report)と続ける。

❽ 1 to know about ～「～について知ること」を主語にして訳す。environmental problemsは「環境問題」。
2 how to get to the city hallは「市役所への到着の仕方→市役所への行き方」となる。
3 what to do for himは「彼のために何をすべきか」と訳す。

❾ 1 I want to learnで始めて，learnの目的語になるhow to grow vegetablesを続ける。
2 〈It is ...＋(for＋人＋)to＋動詞の原形〉の形の文。形式的な主語Itで始め，for him to ...とする。
3 Can you teach meで始めて，そのあとにteachの目的語になるhow to ride a horseを続ける。
4 she didn't knowで始めて，knowの目的語になるwhen to visit ～を続ける。

❿ 1 形式的な主語Itで始め，for me to use ～と続ける。
2 He didn't know「彼はわからなかった」に「何を食べるべきか」what to eatを続ける。「昼食に」はfor lunch。

pp.32-33 Step 3

❶ 1 keep, away 2 taught, how, cut out
3 customs, different from
4 It, for, to remember
5 showed, how, celebrate

❷ 1 (I taught my sister) how to play the guitar(.)
2 He didn't know what to wear (on Halloween.)
3 It is exciting for Eri to go (to the summer festival.)

❸ 1 ①エ ②ウ

❹ 1 Bob taught me how to make it
2 **(私に)もっと話してもらえますか。**
3 the Day of the Dead
4 to know, similar customs

❺ 1 Is it dangerous to swim in this river?
2 I didn't know what to do.

考え方

❶ 1 「～を遠ざける」はkeep ～ away。
2 「私に～を教えてくれた」はtaught me～。meのあとに「どうやって切り取るか」how to cut outが入る。
3 「～とは異なっている」はbe different from ～とする。「慣習」はcustom。
4 「人にとって～することは…である」は〈It is ...＋(for＋人＋)to＋動詞の原形〉で表す。「覚えること」はto remember。
5 「見せてくれた」はshowed。「どのように祝うか」はhow to celebrateとする。〈show＋人＋もの〉の語順に注意。

❷ 1 「ギターの弾き方」は，how to play the guitar。
2 「彼はわかりませんでした」He didn't knowで始め，knowの目的語に「何を着るべきか」what to wearを続ける。
3 「人にとって～することは…である」は〈It is ...＋(for＋人＋)to＋動詞の原形〉で表す。

❸ 1 ①「どうやって天ぷらを料理するか知っていますか。」という質問に対して，少女は「作り方を教えてくれますか。」と答えている。少女は天ぷらの料理の仕方を知らないことになるので，エが正解。
②少年の説明を聞いて少女は「やってみるわ。」と言っているので，少年の説明を理解したことになる。ウが正解。

❹ 1 語群中にtaughtがあることに着目して，〈teach＋人＋もの・こと〉の語順に並べる。how to make itが「こと」にあたる。
2 Can you ～?は「～してくれませんか」という依頼の文。tell me moreは「私にもっと話す」という意味。
3 話題の中心になっているものを考えよう。ペドロとアヤはブラジルのthe Day of the Dead「死者の日」について話している。このitもそれを指す。
4 〈It is ... ＋to＋動詞の原形〉の構文。「知ること」はto knowで，「同じような慣習」はsimilar

customs。２つの慣習になるので複数形にする。We haveの前のthatが省略された文。

❺ 1「～することは危険です」〈It is dangerous to＋動詞の原形〉をIs itで始めて疑問文の形にする。

2「私はわかりませんでした」をI didn't knowとし，knowの目的語「何をしたらよいか」what to doを続ける。

Lesson 6

pp.35-37 Step 2

❶ 1 **観光** 2 **アメリカ合衆国** 3 **魅力的な** 4 **景色** 5 **神秘的な** 6 **景色・景観** 7 **小道** 8 **～かもしれない** 9 than 10 building 11 hear 12 among 13 history 14 fan 15 search 16 site 17 powerful 18 especially 19 rock 20 along

❷ 1 ウ 2 ウ

❸ 1 higher, highest 2 older, oldest 3 smaller, smallest 4 longer, longest 5 more popular, most popular 6 more difficult, most difficult 7 more interesting, most interesting 8 better, best

❹ 1 interested in 2 prefer, to 3 even more

❺ 1 as 2 of 3 among 4 along

❻ 1 smaller than 2 taller than 3 better than 4 the fastest

❼ 1 well as 2 much higher 3 the most expensive

❽ 1 **理科は私にとっていちばん難しい教科です。**
2 **鎌倉は日本で最も古い町の１つです。**
3 **私は城よりも寺や神社が好きです。**

❾ 1 My brother's room is larger than mine(.)
2 Love is more important than money(.)
3 (This is) the most beautiful national park in America(.)
4 (I) like rabbits the best of (all the animals.)

❿ 1 This is the most popular castle in Japan.
2 That building is as tall as our school.

考え方

❶ 1 名詞。 3 -ingで終わる形容詞。動詞fascinate「～を魅了する」からきている。
11 hearは，意識しないでも自然に耳に入ってくる場合などに使う。 12 前置詞。amongは３つ以上のものについて，「～の間で」という意味。最上級の文でよく使われる。

❷ 1 ア，イは最初の音節を強く発音する。ウは２番目の音節を強く発音する。
2 ア，イは２番目の音節を強く発音する。ウは最初の音節を強く発音する。

❸ 比較級と最上級の作り方は，１音節語には-er, -estをつけ，pop-u-larのような３音節以上の語にはmoreとmostをつけるのが原則である。（２音節語は語により異なる。）また，good-better-best，many[much]-more-mostのように不規則に変化するものもある。

❹ 1「～に興味がある」はbe interested in ～。
2「～よりも…のほうが好き」はlike ... better than ～とprefer ... to ～の２通りの言い方がある。ここは空所の数から後者が正解。
3「いっそう～」はeven more ～。

❺ 1「～のような…」は ... such as ～。
2「～のおかげで」はbecause of ～。
3 ３つ以上のものについて，「～の間で」はamongを使う。２つならbetween。
4「～に沿って」はalongを使う。

❻ 1「あなたのカバンは私のものよりも小さい。」という意味の文にする。
2「ミユはカナよりも背が高い。」という意味の文にする。
3「私はテレビよりも本が好きです。」はlikeを使うとI like books better than TV.となる。
4「トムはクラスの中で，いちばん速く走ることができる」という意味の文にする。「いちばん速く」はthe fastest。

❼ 1「同じくらい上手に」はas well asで表す。
2「ずっと高い」のように比較級を強調する場合は，〈much＋比較級〉を使う。
3 expensiveの最上級はmost expensive。

❽ 1 the most difficult subjectは「いちばん難しい教科」と訳す。
2 one of the oldest townsは「最も古い町の1つ」と訳す。townsと複数になることに注意。
3 like ～ better than ...は「…よりも～のほうが好き」と訳す。ここでは，～には「寺や神社」，…には「城」が入る。

❾ 1 主語はMy brother's roomで，動詞はis。そのあとに「私の部屋よりも広い」larger than mineを続ける。
2 主語と動詞はLove is。「～よりも大切」は比較級でmore important than ～。
3 This isのあとに「いちばん美しい国立公園」the most beautiful national parkを続け，最後に「アメリカ合衆国で」in Americaを置く。
4 「私はウサギがいちばん好きです」はI like rabbits the best。「すべての動物の中で」はof all the animals。

❿ 1 まずThis is「これは～です」で始める。「いちばん人気のあるお城」はthe most popular castleとする。
2 「～と同じくらいの高さ」はas tall as ～。That building is「あの建物は～です」で始め，as tall as our schoolを続ける。

pp.38-39 **Step 3**

❶ 1 Here / building, the tallest
2 prefer, to　3 more popular
4 hear, the best

❷ 1 (I learned) China is as large as America(.)
2 (Ken) can jump the highest of (the four boys.)
3 (Baseball) is more interesting than soccer (to me.)

❸ 1 ア　2 エ

❹ 1 ①ウ　②イ　④ア
2 Japanese castles are more interesting than Japanese food
3 the most popular castle in
4 the most beautiful of

❺ 1 This building is as tall as Tokyo Tower.
2 English test was easier than math test.

考え方

❶ 1 「さあ，着きました。」はHere we are.と言う。「いちばん高い」はthe tallestとする。
2 「～よりも…が好き」はlike ... better than ～またはprefer ... to ～とする。ここでは後者を使う。
3 isのあとには「～より人気がある」more popularが入る。
4 「私は～と聞いています」はI hear ～。「いちばん好き」はlike ～ the bestで表す。

❷ 1 「～と同じくらいの大きさだ」は，largeをasではさんでas large as ～とする。
2 文の主語＋動詞をKen can jumpで始め，「～のうちでいちばん高く」the highest of ～を続ける。
3 interestingの比較級はmore interesting。「サッカーよりおもしろい」はmore interesting than soccerとなる。

❸ 1 女性が男性に「それはあなたには大きすぎますか。」と聞いている。ここから，男性は「もっと小さいものはありますか。」とたずねたとわかる。
2 「ネコのほうがイヌよりもかわいい」と言っている少年に，少女は「私はネコよりもイヌのほうが好き」と言っている。少女は少年の意見に賛成していないので，エが正解。

❹ 1 ①「～に(興味がある)」はin。②「～の間で」はamong。④prefer ... to ～「～よりも…が好き」のto 。
2 ボブは先に「日本の城に興味がある」と言っている。ここからボブは「日本の城のほうが和食よりも興味深い」と言ったと考えられる。
3 「日本でいちばん人気がある城」は最上級を使ってthe most popular castle in Japanとなる。
4 it'sのあとはthe most beautiful「いちばん美しい」がくる。そのあとに「すべての城の中で」となるof (all the castles) が続く。

❺ 1「この建物は～です」をThis building isで始めて，「同じくらいの高さ」as tall asを続け，最後に比較対象のTokyo Towerを置く。
2「～は…よりも簡単だ」は，～ is easier than ...で表す。過去の話なので動詞をwasにする。

Lesson 7

pp.41-43 Step 2

❶ 1 チャリティー　2 参加　3 賢明(けんめい)に，賢(かし)く
4 ～の間中ずっと　5 災害　6 起こる
7 ～を寄付する　8 実験　9 gift　10 print
11 middle　12 support　13 fee　14 runner
15 money　16 spend　17 end　18 collect
19 dollar　20 result　21 themselves
22 before　23 else　24 anyone

❷ 1 ○　2 ×　3 ○

❸ 1 did, done　2 held, held　3 made, made
4 read, read　5 sent, sent　6 spent, spent
7 took, taken　8 wrote, written

❹ 1 each other　2 not only
3 delivered, in need

❺ 1 over　2 in　3 at　4 on

❻ 1 Nara is visited by many people.
2 Were the students asked any questions?
3 Where was the festival held?
4 When was this experiment done?
5 The letter will be sent to France by Ben tomorrow.

❼ 1 is sold，**多くの国で売られています**
2 sung，**生徒たちによって歌われますか**
3 written，**いつ書かれましたか**
4 be used，**使われることが可能です[できます]**

❽ 1 **これらの人形はフランス製ですか。**
2 **この絵はだれによって描(か)かれましたか。**
3 **この歌手はすぐに世界に知られるでしょう。**

❾ 1 Sally is liked by everyone (in her class.)
2 Energy sources should be used (wisely.)
3 Were these potatoes sent to you by (your grandmother?)

❿ 1 Was this photo[picture] taken by your friend?
2 My bike is made in Japan.

考え方

❶ 4 前置詞。　6 occúrは語の後半にアクセントがくることに注意。　21 themselvesはhimself, herself, itselfの複数形。　24 anyone「だれでも」は肯定文のときの意味。

❷ 1 どちらも[z]の音。　2 [ɑ]と[ɔ]で発音が異なる。　3 どちらも「イー」[iː]の音。

❸ すべて不規則変化をする。１つ１つの語形を正確に覚えよう。

❹ 1「お互いに」はeach other。
2 空所のあとにbutがあることに注目する。「～だけでなく…も」はnot only ～ but ...と表現する。
3「困っている(人々)」は(people) in need。

❺ 1「世界中で」はall over the world。
2「～の中央に」はin the middle of ～。
3「～の最後に」はat the end of ～。
4「～に金を使う」はspend money on ～。

❻ 1 is visitedを使って，「奈良は多くの人に訪問されます。」という文にする。
2 Wereが文頭に出てそのあと〈主語＋過去分詞〉の語順になる。またsomeは疑問文では，anyに変える。
3 場所をたずねるにはWhereで始め，「その祭りはどこで開かれましたか。」という文にする。
4 時をたずねるにはWhenで始めて，was this experiment doneと疑問文の語順で続ける。
5「その手紙はベンによって明日フランスに送られるでしょう。」という文にする。

❼ 1 is soldで「売られる」。2 3 は，疑問文でbe動詞は前にある。それぞれ過去分詞形にすればよい。 4 はcanがあるのでbe動詞は原形にしてbe usedとする。

❽ 1 these dolls「これらの人形」が主語。直訳は「フランスで作られていますか」となるが「フランス製ですか」とするほうが自然。
2 Whoは文末のbyと合わせて「だれによって」という意味になる。was painted「描かれた」。
3 will be known to the worldは未来の形

で「世界に知られるでしょう」という意味。

❾ 1 主語はSally，動詞はis likedと受け身の形にする。
2 should be usedで「使われるべき」。shouldのあとは動詞の原形がくることにも注意。
3 疑問文なのでWere these potatoesで始める。そのあと「あなたに送られた」sent to youを続ける。

❿ 1 「撮られた」に注目して，Was this photo takenと受け身の疑問文の形にする。
2 「日本製です」を「日本で作られた」と言いかえ，主語My bikeのあとにis made in Japanを続ける。

pp.44-45 **Step ❸**

❶ 1 runner collected, money
2 be seen, throughout
3 results, be sent, end
4 is, not only, but
5 famous for / located

❷ 1 (The clothes) were donated to people in need(.)
2 Where were those shoes sold(?)
3 (This event) should be supported by many people(.)

❸ 1 イ 2 ウ

❹ 1 was called, asked 2 results
3 ③themselves ⑤someone else 4 felt
5 **与えることはだれにでもできることです。**

❺ 1 Was this email written by Kana?
2 Her birthday party will be held next week.

考え方

❶ 1 「お金を集める」はcollect money。
2 「見られます」は〈can＋受け身形〉の形でcan be seenと表す。助動詞のあとのbe動詞は原形にする。「～を通して」はthroughout。
3 「送られるでしょう」はwill be sent。「今週末」はthe end of this week。
4 「～だけでなく…も」はnot only ～ but ….。
5 「～で有名です」はbe famous for ～。「～に位置する」はbe located ～。

❷ 1 動詞は受け身の形were donated。「困っている人々」はpeople in need。
2 疑問文なので〈Where＋be動詞＋主語(those shoes)＋過去分詞(sold)〉の語順にする。
3 「支援されるべきです」は，should be supportedとする。

❸ 1 女性が「いつバスケットボールの試合は開かれますか。」と聞いているので，時期を答えているイが正解。
2 「この新聞を持ち出してもいいですか。」という男性の質問に，女性は「図書館からは書籍しか持ち出せません。」と答えている。話の流れからウが正解。

❹ 1 「呼ばれて」was called，「２つの質問をされた」asked (two questions)と受け身の形にする。
2 「結果」はresultだが，ここは続く動詞がwereとなっているので，複数形にする。
3 「(他人に)与えることによって，自分がより幸せになれる」というのがこの英文の結論なので，③はthemselves「彼ら自身」，⑤はsomeone else「ほかのだれか」となる。
4 実験の結果を説明している部分で，同じ文中の別の動詞(spent, was spent)が過去形なのでfeelもfelt(過去形)にする。
5 givingは「与えること」。can be done by anyoneの直訳は「だれによってもなされることができる」だが，自然な日本語で「だれにでもできる」と訳す。

❺ 1 受け身の疑問文はbe動詞で始めるので，Was this email writtenとし，by Kanaを続ける。
2 「開かれます」とあるので，「彼女の誕生日会」を主語にして，受け身で表す。時制は未来の形にする。最後に時を表す語句next weekを置く。

Reading ②

p.46 Step 2

❶ 1 **兵士** 2 **村人** 3 **こしょう** 4 **〜を隠す**
5 war 6 ourselves 7 together 8 large
9 fill 10 heat 11 salt 12 taste
13 midnight 14 tonight

❷ 1 his[the] way 2 asked for
3 tastes / will, better 4 filled, with

❸ 1 drank 2 hid 3 knew 4 sang

❹ 1 of 2 out 3 up 4 after

考え方

❶ 6 ourselvesは-selfが-selvesと複数形になる点に注意。単数はmyself「私自身」。
13 midnightは「夜の12時」つまり「午前0時」を言う。「午後12時」はnoonと言う。

❷ 1「帰る途中(とちゅう)で」はon one's[the] way home。one'sにはmy, your, our, hisなどが入る。
2「〜を求める」はask for 〜。
3「〜の味がする」はtasteを使う。「よりいっそうよい」はeven betterとする。betterはgood「よい」の比較級。
4「〜を…で満たす」はfill 〜 with …を使う。

❸ 不規則動詞の変化の仕方にはいくつかパターンがある。たとえば 1 はdrink-drank-drunkと変化するが, 4 も同様にsing-sang-sungと変化をする。

❹ 1「〜を恐れる」be afraid of 〜。
2「叫ぶ」call out。
3「〜を温める」heat up 〜。
4「〜を次々」one 〜 after another。

p.47 Step 3

1 on their way home from
2 **兵士たちはいつもお腹を空かせていたが,(村人たちは)自分たち自身のためにも十分な食料がほとんどなかったため。**
3 hid 4 one, after another 5 food
6 ⓐ○ ⓑ× ⓒ○ ⓓ×

考え方

1「彼らは戦争から家に帰る途中でした。」となるようにon their way home fromとする。
2 理由は, 直後の村人たちの言葉にある。"Soldiers are always hungry. We have little enough for ourselves."のhungryのあとにbut「しかし」をおぎなって答えるとよい。
3 話全体が過去の話なので, 過去形hidにする。
4「家に次々と」は, one house after another。
5 前の文のThe soldiers … asked for food「兵士は食料を求めた」ことに対する返事なので,「食料(food)をまったく持っていない」とする。
6 ⓐ 3文目にThey were … very hungryとあるので○。
ⓑ 3文目にthe villagers were afraid of strangers「村人たちは見知らぬ人たち(=兵士たちのこと)を恐れた。」とあるので×。
ⓒ 上記ⓑの説明から, ⓒは○。
ⓓ このようなことは本文には書かれていない。

Lesson 8

pp.49-51 Step 2

❶ 1 **〜を演じる** 2 **ゲスト, 客** 3 **丸い**
4 **綱渡(つなわた)りの綱** 5 **経営者, 園長**
6 **(ある目的のための)衣服**
7 **女性, 婦人** 8 **紳士(しんし), 男性**
9 wonder 10 introduce 11 foreign
12 strange 13 recently 14 attention
15 gather 16 present 17 wild 18 fight

❷ 1 ○ 2 × 3 × 4 ○

❸ 1 イ 2 エ

❹ 1 wonder when 2 what, should
3 One day 4 Attention, please

❺ 1 on 2 into 3 of 4 around

❻ 1 (I know when) your birthday is(.)
2 (Tell me) how many cookies we need(.)
3 (Guess) which team will win(.)
4 (Do you know) what kind of music he likes(?)
5 (Mary asked me) how exciting the

movie was(.)
6 (I want to know) how much this is(.)

❼ 1 What an exciting 2 How difficult

❽ 1 **私はクミがどんな動物が好きなのか知っています。**
2 **私の父はなぜ彼が医者になったのかを話してくれました。**
3 **私は，先生にどのように試験勉強をすべきかを聞くつもりです。**
4 **あなたがいつ私たちを訪ねるか教えてください。**

❾ 1 Do you know who that boy is(?)
2 (She) asked me where I was going (on Sunday.)
3 What a beautiful castle(!)
4 (Masao) told me how cold Hokkaido was(.)

❿ 1 I know who cleaned this room.
2 What a little dog!

考え方

❶ 1 動詞。 3 形容詞。 15「～を集める」という意味もある。 16「～を贈呈する」が基本の意味。名詞だと「贈り物」の意味。

❷ 1 ともに[e]の音。 2 [au]と[ʌ]で発音が異なる。
3 [u:]と[ju:]で発音が異なる。 4 ともに[ei]の音。

❸ 1「俳優が舞台の上でダンスをしています。」
2 give ～ a big handで「～に大きな拍手(はくしゅ)を送る」という意味。

❹ 1「～だろうかと思う」はwonderを使う。wonderは後ろに間接疑問を続けることができるので，続けてwhenを入れる。
2「(私は)何をすべきか」はWhat (I) should (do)と表す。
3「ある日」はone day。
4 アナウンスなどの「お知らせいたします」は，Attention, please.と言う。

❺ 1「～を着る」はput on ～。
2「～の中に入る」はgo into ～。
3「このレストランの」の「～の」はof ～。
4「～を歩き回る」はwalk around ～。

❻ すべて間接疑問文の問題。間接疑問文で注意するのは〈疑問詞＋主語＋動詞〉のように肯定文の語順にすることである。
1 whenのあとはyour birthday isの語順。
2 疑問文のdo we needは，間接疑問文ではdoをとってwe needだけにする。
3 疑問文自体が，which teamが主語なので，間接疑問文でもこのままwhich team will winの語順になる。
4 doesをとって肯定文の語順he likesとする。三人称単数現在のsがつくことに注意。
5 6 疑問詞how ～のあとが〈主語＋動詞〉の語順。

❼ 1「なんてわくわくする試合」と〈形容詞＋名詞〉を強めているので，感嘆文はWhatを使って表す。冠詞がanになることに注意。
2「なんて難しい」と形容詞を強めているので，感嘆文はHowを使って表す。

❽ すべて間接疑問文。
1「クミがどんな動物が好きなのかを～」とする。
2「父がなぜ医者になったのかを～」とする。
3「どのように試験勉強をすべきかを～」とする。
4「いつあなたが私たちを訪ねるか～」とする。

❾ 1「あなたは知っていますか」をDo you knowで始め，そのあと〈疑問詞＋that boy is〉を続ける。
2「彼女はたずねた」をShe asked meで始め，そのあとwhere I was goingの語順に並べる。
3「なんて美しい城」は〈形容詞＋名詞〉の強調なので，What a beautiful castle!とする。
4「マサオは私に教えてくれた」をMasao told meで始め，そのあとhow cold Hokkaido wasの語順に並べる。

❿ 1「私は知っている」I knowで始め，〈主語の疑問詞(who)＋動詞(cleaned)＋this room〉とする。cleanが過去形になることに注意。
2「なんて小さなイヌ」と〈形容詞＋名詞〉の強調なので，Whatを使う。

pp.52-53 Step 3

❶ 1 introduced[presented], foreign
2 Recently, wild
3 Attention / perform 4 What a strange
5 How easy

❷ 1 (Do you) know when the movie starts(?)
2 (I) wonder how old this shrine is(.)
3 (Please) tell me what you learned (at school today.)

❸ 1 エ　2 エ

❹ 1 ①performs　③to perform
2 Do you know when he's coming
3 how many countries he visited　4 than
5 which *rakugo* he is going to tell us

❺ 1 I will ask Bob when he came to Japan.
2 My mother knows what food my father likes.

考え方

❶ 1「～を紹介する」という意味ではintroduceのほうが一般的。presentはより正式な場や，舞台上などで紹介するときに使う。
2「最近」はrecently。過去形や現在完了形とともに使う。
3「お知らせいたします。」はAttention, please.。「～を演じる」はperform。
4「なんて奇妙な話」は〈形容詞＋名詞〉の形なので，Whatを使う。
5 形容詞「簡単な」を強調するので，Howを使う。

❷ 1 Do you knowで始め，〈疑問詞＋肯定文〉の語順でwhen the movie startsと続ける。
2 I wonderで始め，〈疑問詞＋肯定文〉の語順でhow old this shrine isと続ける。
3 Please tell meで始め，〈疑問詞＋肯定文〉の語順でwhat you learnedと続ける。

❸ 1「チケットを2枚手に入れた」と言う少女に，少年は「1枚も手に入らなかった」と言っている。エ「なんて幸運なんだろう！」が正解。
2 少年の誘いに，少女はYeah! と承諾し，「すばらしいショーだったね。」と感想を述べている。エ「盛大な拍手(はくしゅ)を送ろう」が正解。

❹ 1 ①にはperformsが入る。三人称単数現在の-sをつける。③は「～するために」をto performと表す。これは，to不定詞の副詞的用法。
2 語群中のknowとwhenに注目し，間接疑問文を考える。Do you know when he's coming(?)となる。
3 I wonderのあとに間接疑問文を続ける。didをとってvisitedと過去形にする点に注意。
4「それ以上に」はmore than thatとする。
5 I want to knowのあとに間接疑問文を続ける。「どの落語」はwhich *rakugo*とする。「話すつもり」は，willかbe going toで表せるが，8語という指示なので，he is going to tell usとする。

❺ 1「いつ日本に来たか」を間接疑問文にする。先にwill「～するつもり」を使ってI will ask Bobを作り，そのあとに〈疑問詞＋肯定文〉when he came to Japanを続ける。「いつ来たか」なのでcameと過去形にする点に注意。
2「どの食べ物が好きか」を間接疑問文にする。先にMy mother knowsを作り，そのあとに〈疑問詞＋肯定文〉の語順でwhat food my father likesとする。knowsやlikesと三人称単数現在の-sをつける点に注意。

Lesson 9

pp.55-57　Step 2

❶ 1 手話　2 Eメール　3 観光客，旅行者
4 意味　5 手を振(ふ)る　6 ヨーロッパの　7 通訳
8 表現　9 gesture　10 cousin　11 final
12 local　13 peace　14 careful　15 helpful
16 communicate　17 abroad　18 ticket
19 express　20 cultural　21 myself

❷ 1 イ　2 イ　3 ウ　4 イ

❸ 1 エ　2 イ

❹ 1 looks happy　2 What's
3 different from, to　4 Go away

❺ 1 for　2 with　3 like　4 about

❻ 1 made me busy　2 call this castle
3 to help me　4 Let me show

❼ 1 want, to sing　2 helped me make[cook]

❽ 1 子どもたちにとって文化的な違いを学ぶことは大切です。
2 私たちは2つ授業があります。1つは数学で，もう1つは音楽です。

3 **彼女はチャリティーに興味を持つようになりました。**

❾ 1 (The P.E. class) made every student tired(.)

2 My classmates call me Meg(.)

3 (My mother) asked me to take care of (my little brother.)

4 (Liz) wants me to visit her (in America.)

❿ 1 The movie made me happy.

2 Let me talk about my family.

考え方

❶ 5 名詞で「波」という意味もある。

16 名詞形はcommunication。 19 名詞形はexpression。 20 名詞形はculture。

❷ 1 2 はともに第2音節を強く発音する。

3 は第3音節, 4 は第2音節を強く発音する。

❸ 1 「そんな侮辱的なことは言わないでください。よくないですよ。」2文目のIt's not nice.でウが不正解とわかる。

2 「私は多くの英語の役に立つ表現を覚えたいです。」

❹ 1 「～のように見える」はlookを使う。lookのあとには形容詞がくる。

2 「変わったことはない？」はWhat's new?。

3 「～によって異なる」はdifferent from ～ to ～。「～」には同じ語が入る。

4 「あっちへ行って」は, go away。

❺ 1 「～のために(買ってくれた)」はfor ～を使う。

2 「～を使って」はwith ～で表せる。

3 「～のように」はlike ～。

4 「～について」はabout ～。

❻ 1 「宿題が私を忙しくさせました。」という文にする。

2 「私たちはこの城を大阪城と呼びます。」という文にする。

3 「私はミキに私を手伝うように頼みました。」という文にする。

4 letを使って「私があなたに私の写真を見せるのを許してください。」という文にする。

❼ 1 「人に～してほしい」は〈want＋人＋to＋動詞の原形〉の形。want (me) to singとなる。

2 「人が～するのを手伝う」は〈help＋人＋動詞の原形〉の形。helped me makeとなる。

❽ 1 〈It is ...＋for＋人＋to＋動詞の原形〉は「人が～するのは…だ」という意味。itは形式的な主語で, 本来の主語はto learn以下。

2 One is ～, and the other is ...は「1つは～, もう1つは…」という意味。

3 become interested in ～は「～に興味を持つようになる[持ち始める]」という意味。

❾ 1 「体育の授業がすべての生徒を疲れさせた」という意味になるように, 〈make＋人＋形容詞〉の語順にする。

2 「～を…と呼ぶ」はcall ～ ... (＝call me Meg)。

3 「人に～するように頼む」は〈ask＋人＋to＋動詞の原形〉の形にする。

4 「～に…してほしい(と思う)」は〈want＋人＋to＋動詞の原形〉の形。

❿ 1 「その映画が私をうれしい気持ちにさせた」という意味になるように, 〈made＋人(me)＋形容詞(happy)〉にする。

2 「私に～させてください」は〈Let me＋動詞の原形(talk)〉で表す。

pp.58-59 Step ❸

❶ 1 call, cousin 2 culture made her

3 different from / express

4 abroad / communicate, local, gestures

5 tourist, ticket, European

❷ 1 Let me talk about this book(.)

2 The news made many people surprised(.)

3 Mr. Kato asked the students to open (the windows.)

4 I want you to teach me (Chinese.)

❸ 1 ア 2 イ

❹ 1 ①look ④looks 2 What's new

3 It made me happy.

4 We call it a V sign.

5 **私の国では, この右側の少年のようにVサインを作ることは侮辱的なジェスチャーになります。**

❺ 1 We call the cat Tama.

2 I want him to play the guitar.

考え方

❶ 1 「呼ぶ」はcall。「いとこ」はcousin。
2 〈make＋人＋形容詞〉の形にする。madeと過去形にすること。大衆文化はpop culture。
3 「人によって異なる」はdifferent from person to personとする。
4 「海外へ行くこと」はgoing abroad。「～とコミュニケーションをとる」はcommunicate with ～。
5 「ヨーロッパの国々」はEuropean countries。

❷ 1 「私に話をさせてください」Let me talkに続けて，「この本について」about this bookを並べる。
2 主語The newsで始めて，〈make＋人＋形容詞〉の語順で並べる。surprisedが形容詞。
3 Mr. Katoで始めて，〈ask＋人＋to＋動詞の原形〉の語順で並べる。
4 Iで始めて，〈want＋人＋to＋動詞の原形〉の語順で並べる。

❸ 1 「スピーチコンテストはどうだったの？」とたずねる少女に，少年は「父に祝ってもらうように頼むつもり」と言っている。アが正解。
2 空所のあとのand the other is ...「もう１つは」に注目する。２つ買ったプレゼントに対して，母親が「１つは～に，もう１つは…に」と言っている。イが正解。

❹ 1 「うれしそうに見える」はlook happy。④は主語が三人称単数で現在の文なので，looksとする。
2 「何か変わったことはない？」はWhat's new?で表せる。newは「目新しいこと」の意味。
3 主語をItで始め，〈made me＋形容詞(happy)〉で表す。
4 「～を…と呼ぶ」call ～ ...を使ってcall it a V signと表す。
5 making a V sign like this boy on the rightは「この右側の少年のようにVサインを作ること[示すこと]」という意味で，この文の主語。an insulting gestureは「侮辱的なジェスチャー」という意味。

❺ 1 call ～ ...を使ってcall the cat Tamaと表す。
2 「～に…してほしい」は〈want＋人(him)＋to＋動詞の原形(play)〉の形で表す。

Reading ③

p.60 Step 2

❶ **1** **才能**　**2** **～をほめる**　**3** **第２次世界大戦**
4 **～を治す**　**5** **どうにか**　**6** **心配する**
7 **爆弾**　**8** **影響**（えいきょう）　**9** **貴重な**　**10** **前向きな**
11 fire　12 survive　13 enter　14 end
15 worry　16 without　17 disease
18 connect　19 past　20 although
21 decision　22 young　23 average
24 age　25 influence　26 continue

❷ 1 well as　2 to, decision　3 you to

❸ 1 on　2 of　3 about　4 at

考え方

❶ 5 副詞。 16 前置詞。 20 接続詞。 23「平均」という名詞の意味もある。

❷ 1 「～と同様に」はas well as～。
2 「～しなければならない」は〈have to＋動詞の原形〉。「決断する」は，make a decision。
3 「人(you)に…してほしい」は，〈want＋人(you)＋to＋動詞の原形(be)〉の形で表す。

❸ 1 「～に影響（えいきょう）を及（およ）ぼす」はhave an effect on ～。
2 「～を夢見る」はdream of ～。
3 「～のことを心配する」はworry about ～。
4 「～歳（さい）で」はat the age of ～。

p.61 Step 3

1 **彼は，今ではもう爆弾のことを心配しなくてもよいと知っていました。**
2 as many, as
3 He wanted to draw comics
4 doctor　5 What do you really want to be
6 a cartoonist　7 ⓐ×　ⓑ○　ⓒ×　ⓓ○

考え方

1 have to ～の否定形は「～しなくてもよい」という意味。「～のことを心配しなくてもよかった」が直訳。not ～ anymore「今ではもう～でない」。

2 「ぼくが好きなだけたくさんのマンガ」は，as many comics as I likeと表す。

3 「～したかった」はto不定詞を使って，過去形で〈wanted to＋動詞の原形〉で表す。

4 「ほかの夢」については，このあとの幼少の手塚が母にたずねた言葉の中に出てくる。Should I be a doctor or a cartoonist?のdoctorがそれに当たる。

5 「何」はWhatで始める。そのあとを疑問文の語順do you really want to beとする。

6 このoneはa cartoonistのことである。

7 ⓐ戦争が終わることはうれしかったが，それは手塚の夢ではないので×。

ⓑ後ろから4文目，One day以降で手塚は母親に将来の相談をしているので○。

ⓒ最後の文で，母親はマンガ家になることをすすめているので×。

ⓓ後ろから2文目で，手塚は「マンガ家になりたい」と母親に伝えているので○。

Further Reading

p.62 Step 2

❶ **1** **昼食時**　**2** **食料雑貨店**　**3** **夕食**
4 **小包**　**5** **(工場などの)食堂**　**6** **売店**　**7** **娘**(むすめ)
8 **覚えている**　**9** **近所**　**10** **(大声で)知らせる**
11 somebody　**12** thin　**13** laugh　**14** pass
15 bake　**16** wrong　**17** address　**18** nobody
19 routine　**20** whisper　**21** poor　**22** bright

❷ **1** filled with　**2** talking when
3 made, time ago

❸ **1** of　**2** to　**3** out　**4** by

考え方

❶ **19** 「決まりきったやり方」という意味でも使う。

❷ **1** 「～でいっぱいである」はbe filled with ～。

2 「話すのを止める」はstop talking。〈stop＋動詞の-ing形〉で「～することを止める」の意味。

3 「間違いをする」はmake a mistake。「しばらく前に」はsome time ago。

❸ **1** 「とりわけ」はmost of all。

2 「～すると申し出る」はoffer to＋動詞の原形。

3 「～を配る，～を配布する」はpass out ～。

4 「過ぎる，経過する」はgo by。

p.63 Step 3

1 passed out　**2** to help　**3** When
4 had to
5 **ハッチさんは彼のために，売店の店番をすることを申し出ました。**
6 he gave them brownies and
7 ⓐ ×　ⓑ ×　ⓒ ○　ⓓ ×

考え方

1 「～を配る」はpass out ～。「配りました」なので過去形にする。

2 「～することを始める」は，〈start＋to＋動詞の原形〉とする。

3 「～するときに」の意味の接続詞はwhen。

4 「～しなければならなかった」は，〈had to＋動詞の原形〉で表す。過去形になることに注意。

5 offer to watch the stand「店番をすることを申し出る(＝売店を見ることを申し出る)」。〈offer＋to＋動詞の原形〉で「～することを申し出る」の意味。

6 「彼は人々にブラウニーと(レモネード)を与えました」は〈gave＋人＋もの〉という語順。

7 ⓐ昼食時に食堂内のみんなに話しかけたのはハッチさんのほう。

ⓑトッドさんの娘のことを心配していたのはトッドさん自身。

ⓒ 5文目にこの内容が書かれている。

ⓓ 6文目に，ハッチさんがブラウニーを焼いたのはAfter supper「夕食後」とあるので×。

テスト前 ☑ やることチェック表

① まずはテストの目標をたてよう。頑張ったら達成できそうなちょっと上のレベルを目指そう。
② 次にやることを書こう（「ズバリ英語○ページ，数学○ページ」など）。
③ やり終えたら□に✓を入れよう。
最初に完ぺきな計画をたてる必要はなく，まずは数日分の計画をつくって，
その後追加・修正していっても良いね。

目標

	日付	やること 1	やること 2
2週間前	／	□	□
	／	□	□
	／	□	□
	／	□	□
	／	□	□
	／	□	□
	／	□	□
1週間前	／	□	□
	／	□	□
	／	□	□
	／	□	□
	／	□	□
	／	□	□
	／	□	□
テスト期間	／	□	□
	／	□	□
	／	□	□
	／	□	□
	／	□	□

QRコードのページに登録すると，「ぴたリンク」からも表をダウンロードできるよ

テスト前 ☑ やることチェック表

① まずはテストの目標をたてよう。頑張ったら達成できそうなちょっと上のレベルを目指そう。
② 次にやることを書こう（「ズバリ英語〇ページ，数学〇ページ」など）。
③ やり終えたら▢に✓を入れよう。
最初に完ぺきな計画をたてる必要はなく，まずは数日分の計画をつくって，
その後追加・修正していっても良いね。

目標

	日付	やること1	やること2
2週間前	／	▢	▢
	／	▢	▢
	／	▢	▢
	／	▢	▢
	／	▢	▢
	／	▢	▢
	／	▢	▢
1週間前	／	▢	▢
	／	▢	▢
	／	▢	▢
	／	▢	▢
	／	▢	▢
	／	▢	▢
	／	▢	▢
テスト期間	／	▢	▢
	／	▢	▢
	／	▢	▢
	／	▢	▢
	／	▢	▢

QRコードのページに登録すると，「ぴたリンク」からも表をダウンロードできるよ

キリトリ線